Ministère de la Marine et des Colonies

NOTES CHRONOLOGIQUES

SUR LES

ANCIENNES MISSIONS CATHOLIQUES

AU

ZAMBÈZE

PAR LE

REV. PÈRE COURTOIS

Supérieur des missions catholiques du Zambèze.

LISBONNE
IMPRIMERIE FRANCO-PORTUGAISE
6, Rua do Thesouro Velho, 6
1889

NOTES CHRONOLOGIQUES

SUR LES

ANCIENNES MISSIONS CATHOLIQUES

AU

ZAMBÈZE

A

SON EX.ᵉ MR. AUGUSTE DE CASTILHO

Gouverneur général de la Province de Mozambique

Par le R. P. COURTOIS

Supérieur des missions catholiques du Zambèze.

LISBONNE
IMPRIMERIE FRANCO-PORTUGAISE
6, Rua do Thesouro Velho, 6
1889

En publiant ce modeste travail, nous n'avons nullement la prétention de donner au public l'histoire complète des anciennes missions catholiques du Zambèze. D'abord, ce travail immense, quoique intéressant, serait au-dessus de nos forces; ensuite les documents authentiques que nous avons pu nous procurer sont tout à fait incomplets. Les archives de l'église de Tète ont à peu près toutes péri dans la débâcle générale du départ des anciens pères; et le peu de celles qui restaient furent en majeure partie détruites dans un incendie, qui, le 14 octobre 1849, dévora la résidence du curé de Tète.

Restaient les traditions locales: mais que peut-on tirer de la mémoire d'un nègre, qui bien souvent ignore le nombre de ses jours et jusqu'au nom de son père?

Cependant, désireux de faire revivre la mémoire de ces hommes héroïques qui nous devancèrent ici dans le rude labeur de l'apostolat, je me mis, dès les premiers jours de mon arrivée, à recueillir les faits de toute nature qui pouvaient m'aider à conduire à bonne fin une si louable entreprise. Plusieurs fois, je questionnai des personnes d'Europe, qui, établies dans ces parages, depuis de longues années, étaient à même de m'aider efficacement dans l'exécution du travail que je méditais, mais je m'aperçus bien vite que leur témoignage était vague, incomplet, et se contredisait sur beaucoup de points essentiels.

Me souvenant alors du proverbe portugais : «*quem quer vae quem não quer manda*», je me déterminai à faire des recherches dans le dépôt des objets et des meubles de la sacristie. Il y avait là, en effet, deux grandes caisses remplies de vieux livres de chant, et de différents autres papiers mis au rebut. C'était une bonne aubaine pour moi. Je me mis aussitôt à fouiller dans ce fatras de papiers ; bientôt je rencontrai quelques paperasses de vieux comptes-rendus de la confrérie de N. D. du Saint Rosaire, des actes de donations, de testaments, de baptêmes, de mariages et de sépultures ; quelques lettres d'affaires échappées au naufrage ! mais le tout se trouvait dans un état pitoyable, sans ordre aucun, à moitié dévoré des mites, ou détruit par la poussière ou la moisissure !

Je commençai aussitôt à classer ces pièces par ordre d'année et de date ; puis les parcourant une à une, recueillant ici un nom, notant plus loin un fait, déchiffrant ailleurs une phrase, j'arrivai à reconstituer la série à peu près complète des Pères vicaires qui ont administré la chrétienté de Tète depuis l'année 1699 jusqu'à nos jours.

Tel est, Excellence, l'humble travail que je viens déposer à vos pieds comme un faible hommage de respect et de considération. C'est la liste glorieuse des anciens Pères qui ont combattu, prié, souffert dans le district de Tète ; c'est comme le livre d'or où sont inscrits les noms de quelques-uns des vaillants disciples de Saint Dominique, et des humbles fils de Saint Ignace, qui pendant plus de trois siècles se sont dévoués sur cette terre brûlante du Zambèze, distribuant le pain de la parole divine, le secours des sacrements, et les bienfaits de la Religion catholique aux tribus grossières et sauvages de l'Afrique australe! Bref, ce sont quelques notes chronologiques n'ayant d'autre ordre et d'autre art que de signaler les noms des missionnaires ou de noter les faits saillants à mesure qu'ils se présentent, sans recherche ni apprêt, bien souvent nous contentant de la traduction du portugais avec ses tournures et son orthographe anciennes.

C'est une ébauche de ce travail qu'aurait désiré rencontrer *Livingstone* lui-même, lorsque explorant notre Afrique et rendant justice au dévouement des anciens missionnaires catholiques, il écrivait: «A cette époque, des missionnaires de l'Eglise romaine (et notons que c'est un protestant qui parle) avaient été plus loin que l'armée de Barreto n'avait pu le faire. Déjà, d'après ce que rapporte *Bordallo* dans ses *Essais historiques,* le Père Gonçalo da Silveira avait subi le martyre au Monomotapa. Il y avait même alors un nombre considérable de missionnaires catholiques dans cette partie du continent; on le voit, de nos jours, par les ruines des missions. J'aurais voulu faire tomber les calomnies dont certains écrivains ont flétri la mémoire de ces hommes courageux; mais il m'a été impossible de me procurer une histoire sérieuse de ces hommes de bien; c'est pour moi un vif regret. D'après le souvenir qu'en ont gardé les natifs, on doit penser qu'ils étaient pleins de piété et de zèle... Nous ne pouvons admettre que ces hommes pieux aient risqué leur vie pour acquérir, même par des moyens légitimes, des richesses dont la jouissance leur était défendue par la règle à laquelle ils étaient soumis...» — *Le Zambèze et ses affluents,* Intr. p. 4.

En concluant cette introduction, je dois avouer, Excellence, que je n'ai mis la main à l'œuvre que grâce à vos conseils et à vos encouragements. Vos désirs ont été pour moi des ordres, car je sais, que vous avez le culte des lettres et que vous restez fidèle aux traditions de votre illustre et noble famille: répandre l'instruction et défendre la vérité par la plume et la parole! Je m'estime mille fois heureux de mettre à l'ombre de votre puissant patronage ce modeste écrit, dont le but est de faire revivre la mémoire de mes devanciers dans l'apostolat au Zambèze, et rendre hommage à la justice et à la vérité.

P. Courtois.

NOTES CHRONOLOGIQUES

⁂

1560

Le 6 Janvier, un vaisseau portugais quittait Goa, et faisait voile vers l'Afrique. Il portait trois missionnaires de la Compagnie de Jésus : les P. P. *Gonçalo da Sylveira*, *André Fernandes,* et le frère coadjuteur *André da Costa,* tous originaires de Portugal. La traversée dura un mois.

Le 5 février suivant, en la fête de S.ᵗᵉ Agathe, l'équipage aborda à Mozambique. Les missionnaires se rendirent à la chapelle de N. D. du Bastion et y célébrèrent la messe d'actions de grâces pour leur heureuse traversée.

Après quelques mois passés sur le sol africain, l'intrépide P. *Gonçalo da Sylveira* baptisait en un même jour le roi d'Otangué et cinq cents cafres sujets de ce prince. Gonçalo resta sept semaines à la cour d'Otangué pour compléter l'instruction des nouveaux chrétiens. Puis laissant auprès du roi Constantin le P. André Fernandes, il revint à Mozambique. Il avait hâte de se rendre auprès de l'illustre monarque appelé par les Portugais « l'empereur du Monomotapa ».

Vers les premiers jours de septembre, le P. Gonçalo se met en route pour Monomotapa et opère les plus grands prodiges pendant le voyage. Près de l'embouchure du Zambèze, en vue de Quelimane, une tempête s'apaise à sa voix. Chingoma, Senna, entendent son ardente parole, et de nombreuses conversions viennent couronner son zèle. A Tète, à Mabete, il est reçu en triomphe par les Portugais et les Cafres. A Bamba, près de la capitale, un noir se mourait. Gonçalo se rend auprès de lui, l'instruit, lui enseigne à prier, et le rend miraculeusement à la vie et à la santé.

<h3 style="text-align:center">1561</h3>

Le 1.er janvier, arrivée du P. *Gonçalo* au Monomotapa. La capitale du royaume était Zimbaoé, la même probablement que Simbabye, à laquelle la carte de Stanford donne 31° 45′ de longitude orientale et 20° 10′ de latitude méridionale.

Quelques auteurs prétendent que les ruines de Zimbaoé ne sont autres que celles de l'ancienne Ophir de la Bible, dont il est parlé au 3.e livre des Rois. Le Dr. *Livingstone* dans son ouvrage : « *le Zambèze et ses affluents* », fait allusion à cette opinion.

Le Roi du Monomotapa vivait au milieu de l'or et de l'opulence. Il reçut le P. *Gonçalo* avec de grandes marques de respect et de vénération. Il se fit instruire, demanda et reçut le baptême des mains du saint apôtre. Le 25 janvier eut lieu la cérémonie, à laquelle prirent part l'empereur, l'impératrice-mère et trois cents dignitaires de l'empire. L'empereur prit le nom de Sébastien en mémoire du jeune et vaillant Dom Sébastien qui régnait alors en Portugal.

Mais ce magnifique triomphe devait avoir un triste lendemain. Le 16 mars suivant, le Roi Sébastien, à l'instigation de marchands arabes, ennemis jurés du nom chrétien, livra le P. Gonçalo au fer des assassins. Les bourreaux attachèrent le cadavre à une barre de fer, et allèrent le jeter dans un étang où le Mussenguéze et le Matélé prennent leur source.

Au chant X°, v. 93, de ses Luziades, *Camoëns*, a célébré dans une stance éloquente le dévouement et la mort du P. de Sylveira. Voici ses paroles :

« Vê de Benemotapa o grande imperio
« da selvatica gente negra e nua,
« onde Gonçalo morte e vituperio
« padecerá pela fé santa sua...»

1563

Après le meurtre du P. *Gonçalo*, des fléaux terribles vinrent s'abattre sur les terres de Dom *Sébastien* en punition de son crime. Le roi comprit que le ciel demandait réparation. Il révoqua les ordres cruels portés contre tous ceux de ses sujets qui n'avaient pas voulu l'imiter dans son apostasie, et fit mettre à mort les misérables sectaires qui lui avaient donné de perfides conseils. Des années d'abondance succédèrent à une longue stérilité : une fois encore le repentir du coupable désarmait le courroux divin.

De nouveaux missionnaires allèrent recevoir l'héritage du P. *Gonçalo* et continuer ses travaux apostoliques à la cour de Zimbaoé. Le P. *Alphonse de Barbuda* fut l'un des plus dévoués et des plus illustres missionnaires du nouveau royaume conquis à la foi de Christ.

En cette même année 1563, par lettres patentes du roi *Dom Sébastien*, de glorieuse mémoire, heureusement régnant en Portugal, fut faite donation royale de l'église paroissiale du Fort S. Jacques le Majeur de Tète aux Religieux de l'Ordre de S. Dominique. Dans les archives de cette église se trouve mentionnée la royale donation en une réponse explicative venue de Mozambique et adressée au père vicaire qui désirait connaître les documents officiels ayant trait à l'église de Tête. Le notaire public des affaires ecclésiastiques lui répondait «...revoyant les divers papiers sur la mission de Tête, je trouvai que, en 1563, par le roi D. Sébastien, de glorieuse mémoire, donation fut faite. etc...»

1571-1573

Double expédition de *Francisco Barreto* aux mines d'or de Manica et aux mines d'argent de Chicova sur le Zambèze. Ces mines ne seront véritablement connues des Portugais qu'un siècle plus tard. Dans la 1ère, le général conduisit ses soldats par terre à environ cent lieues de la côte-ouest de Sofala. Dans la 2de, il partit de Sena, (à 60 lieues au-dessus de l'embouchure du Zambèze) et mena sa petite armée d'abord aux gorges de Lupata où il fallut livrer bataille aux *Manga̧* *(Manganja)* de la rive gauche du fleuve; puis après avoir dépassé Tête où les Portugais avaient déjà une colonie (60 lieues environ à l'ouest de Sena), à la plaine de Chicova.

Deux missionnaires jésuites, les P. P. *Francisco de Monclaro* et *Estevão Lopes* avaient accompagné l'expédition sur la demande de son vaillant chef. A leur retour, ils fournirent d'excellentes informations que différents historiens ont mises à profit.

Le P. *François de Souza*, par exemple, dans son *Oriente conquistado* (T. 2. p. 600-608.) marque avec la plus grande précision l'itinéraire de Barreto, les distances parcourues, etc. On y trouve aussi de curieux renseignements sur les découvertes de mines d'or et d'argent, sur les établissements que les Portugais y avaient formés, et les places de commerce où affluaient l'or, l'ivoire et les richesses du Zambèze.

C'est lui encore qui nous apprend que lors des expéditions de Barreto, dix Portugais longèrent le Zambèze au-dessus des cataractes et rapides qu'on trouve à 3o lieues de Tête, cherchant à découvrir la source du grand fleuve dont ils ne purent avoir aucune connaissance certaine, même en interrogeant les indigènes. Les rapides dont le Père ne donne pas le nom ne sont autres que le Québra-Bassa, et même il ne serait pas téméraire d'affirmer qu'il s'agit des grandes cataractes qui devaient plus tard prendre le nom arbitraire de *chutes Victoria !*

1585

Le Père Fr. *João de S. Thomas*, de l'Ordre des Frères Prêcheurs succombe, victime de son zèle, au poison que lui font prendre les sauvages, au salut desquels il était venu se dévouer.

1586-1597

Le Père *João dos Santos* compose ses importants et curieux ouvrages (entre autres l'*Ethiopia Oriental*), dont les documents les plus précieux avaient été recueillis par lui-même durant onze années d'apostolat au milieu des Cafres.

1592

Le Père *Nicolau do Rosario* prêchant sur les bords du Zambèze est saisi par les Cafres Zimbas, percé de flèches, puis coupé en morceaux, cuit et dévoré par les Barbares.

1604

Le Roi du Monomotapa l'ami et l'allié des Portugais, ayant invité ces derniers à exploiter les mines d'or du royaume, deux Jésuites, les P.P. *Francisco Gonzales* et *Paulo Aleixo* accompagnèrent l'expédition et rendirent de signalés services à leurs compagnons de route.

1620

Un religieux de la Compagnie de Jésus, le P. *Julio César* revint à Zimbaoé, invité par l'empereur lui-même et il a rédigé une relation fort intéressante de son voyage à la cour du roi de Monomotapa.

Mais quelques années après, la Compagnie de Jésus céda cette mission aux Dominicains sur leur demande. Ces religieux avaient la charge en possession, depuis les premiers temps de la conquête, de remplir les fonctions du ministère sacerdotal dans les établissements portugais sur la côte de Sofala et de Mozambique, le long des rives du Zambèze jusqu'à Tète. Ils avaient formé à des distances considérables de ce fleuve des stations de missionnaires qui fournissaient les secours spirituels aux nombreux Portugais disséminés dans le pays, sans oublier l'Évangélisation des indigènes. «Excessifs, dit un de leurs historiens, sont les travaux que souffrent les fils de S. Dominique en parcourant ces régions pour convertir les Cafres, prêcher et administrer les sacrements... »

1624

Les lettres annuelles de la Compagnie de Jésus de cette année-là, nous transmettent quelques renseignements sur les travaux des missionnaires au Zambèze. « Cette année, dit la relation, les Pères du Collège de Mozambique étaient au nombre de six. Un des nôtres, le P. *Luis Alvarez* résidait au *Luabo* à l'embouchure du Zambèze. Le P. *Michel Rodriguez* avait à sa charge la paroisse *Sainte-Croix* près de l'entrée du même fleuve. A *Sena*, neuf Pères, dont un, le P. *Manoel Mendoza* avait le soin d'une concession nommée *Chemba* donnée par le roi pour l'entretien des missionnaires; mais de plus, il avait, durant l'année, parcouru plus de cent villages d'indigènes pour y distribuer l'instruction et administrer les sacrements. Il assure qu'il avait alors dans sa paroisse plus de 40 enfants cafres chantant la doctrine chrétienne en leur langue. Le P. *Lourenço Marcaria* desservait deux églises distantes l'une de l'autre de cinq lieues. Il avait baptisé plusieurs cafres qu'il nomme *gente insipida*.

La même relation mentionne, outre *Zimbaoé*, la ville de *Tète* où ils avaient le *Collège du Saint Esprit* et leur résidence, un des Pères résidant alors à Tète, le P. *Antonio Carreiro*, administrait la chrétienté de *Marangué*. Il venait de baptiser deux cents personnes, et il loue la docilité et la bonne conduite de cette peuplade.

L'église de Marangué n'est plus qu'une ruine. Elle a eu le sort de tant d'autres chapelles et couvents dont cette terre était couverte durant l'ère des grandes conquêtes; mais la statue du vénéré sanctuaire se conserve encore de nos jours dans la sacristie de l'église de Tète. C'est une image de la Mère de Dieu, de grandeur naturelle, reposant sur un groupe d'anges, au milieu des nuages. Le vocable est Notre-Dame de l'Assomption. Il y eut un temps où cette statue était en grande vénération, même parmi les habitants de Tète. Les personnes pieuses ne manquaient point chaque année de faire un pèlerinage à la vierge triomphante de Marangué.

Le fait principal qui jette quelque lumière sur les travaux des Pères de la Compagnie de Jésus, à Tète, en l'année 1624, est la magnifique lettre du P. *Luiz Marianno* envoyant à ses supérieurs d'Europe une description très circonstanciée sur le lac *Maravi* (Nyassa), sur le fleuve *Chérim* (le Chiré décrit par *Livingstone*) ainsi qu'un rapport sur la guerre que les Portugais durent soutenir, en 1624, contre un chef cafre, qui se faisant appeler *Homozara* « tout puissant, » s'était créé par ses exploits un empire de deux cents lieues d'étendue à l'Ouest et au Sud du lac Nyassa.

La lettre du P. *Marianno* est un des plus anciens

documents de quelque valeur pour l'histoire des découvertes géographiques des grands lacs de l'Afrique Centrale. Elle prouve que le grand lac Nyassa et le Chiré, dont *Livingstone* pensait avoir vu les eaux le premier de tous les Européens en 1859, étaient connus et avaient été visités, plus d'une fois, des Portugais, il y avait 250 ans!

1652

Le P. Frei *Aleixo do Rosario* eut le bonheur de baptiser encore un souverain du Monomotapa. Un fils de ce prince voulut se donner à l'ordre religieux qui lui avait apporté la foi, et on rapporte qu'il mourut, comme dominicain à Goa dans l'Inde, où il avait reçu la charge d'une paroisse. Le P. Frei *Lucas de S. Catharina* nomme encore deux autres «princes du Monomotapa» qui portaient de son temps l'habit de S. Dominique, à la ville de Goa.

1699

C'est au 14 Avril 1699, que remontent les documents les plus anciens, conservés dans les archives de l'Eglise de Tète, sur les travaux des missionnaires du Zambèze. Encore je dois avouer, que ces documents sont bien pauvres et bien incomplets : ce sont simplement trois cahiers de registre de baptême, en fort mauvais état.

Le premier cahier que j'ai marqué de la lettre A, commence au 14 Avril 1699, et porte la signature du P. Frei *Francisco da Trindade*. Les 23 premiers feuillets manquent; dans ceux qui restent, il est fait mention de 239 baptêmes pour les neuf mois de l'année, à commencer du mois d'Avril, tous signés du Père vicaire, Frei *Francisco da Trindade*, exceptée deux, dont l'un porte la signature de Frei *Antonio de Santa Rosa*, et l'autre, celle de Frei *Francisco de Nossa Senhora*. Enfin les trois derniers sont revêtus de la signature de Frei *José de S. Agostinho*, remplissant les fonctions sacrées par délégation du Père curé.

Comme on le voit par les actes enregistrés, bien souvent le même jour, le père baptisait un grand nombre d'esclaves adultes, jusqu'à 14, 16 et 20 personnes de la même maison. En général, les actes de baptême sont ainsi formulés : « Le... jour... mois... année... je baptisai et donnai les saintes huiles aux personnes suivantes de la maison de Augustin Coelho, toutes adultes... de la maison Miguel Rodrigues Coelho... de la maison Manoel Pires Faro... de Antonio de Almeida... de Aguiar... de Felippa Pinheyra de Faria... de Catharina Alvarez... de Francisco de Fonsequa... de Manoel de Noronha... du capitaine João de Mattos, etc. »

M. de Lacerda a inséré dans les notes de son *Examen des voyages de Livingstone* plusieurs extraits sur les missions dominicaines. La note 17ᵉ est particulièrement intéressante, parcequ'elle indique toutes les stations occupées par les missionnaires de cet Ordre, au Sud du Zambèze vers la fin du XVIIᵉ siècle. Malheureusement je n'ai pu me procurer les éclaircissements du savant portugais pour donner ici les noms des postes glorieux où nos devanciers ont vaillamment soutenu les combats de la foi.

Il est dit que le P. « Frei *Francisco da Trindade*, vigario de Tête » composa deux catéchismes et une méthode de confession en langue cafre. Mais on r᠆ rencontre dans le district aucun vestige des travaux des anciens missionnaires sur la langue indigène.

Le 30 novembre de cette même année 1699, le P. Frei *Francisco da Trindade* eut la consolation de baptiser à Tête un des fils de l'empereur de Monomotapa. Cet acte prouve que les princes du vaste empire allié au Portugal, plus d'un siècle après le martyre du Père Gonçalo, étaient restés fidèles à la foi que leur avait enseignée le saint apôtre. Le sang des martyrs était vraiment devenu pour cette terre infidèle une semence féconde de chrétiens.

Voici la traduction du dit acte de baptême : «Le 30 du mois ci-dessus désigné (novembre 1699); je baptisai solennellement et donnai les saintes huiles à Dom *Constantin* prince du Monomotapa, fils adulte du roi Dom Pedro, du même empire; qui en païen s'appelait Pandé, et sa mère en païen se nommait Maua Varedanhe, reine du même empire. Son parrain fut Jacome de Moraes Sarmento, lieutenant général et gouverneur de Mozambique et ses districts. En foi de quoi, je fis le présent acte que je signai, jour, mois, année, comme ci-dessus. De plus, je déclare que ce prince en paien s'appelait Mapeze, et était âgé d'environ 8 à 9 ans. Frei *Francisco da Trindade.*»

1700

Le Père *Francisco da Trindade*, de janvier au 16 mai, régénère dans les eaux du baptême 81 personnes, tant adultes que jeunes enfants. Plusieurs de ces baptêmes par commission furent administrés par le Père *Pedro Rodriguez de Gamboa*; et, même le 13 Janvier, il sert de parrain à Marie, adulte, de la maison de Joseph Dias de Lemos.

Qu'était-ce que ce Père de Gamboa? assurément il n'était pas de l'Ordre de Saint Dominique, parce que nulle part il ne prend la particule *frei* (frère) que tous les Religieux de Saint Dominique ne manquent jamais d'employer, mais simplement le titre de *padre,* (père) qui dans le cas présent semble indiquer un membre de la Compagnie de Jésus.

Les 19 baptêmes qui suivent, du 16 au 22 juillet où s'achève ce premier cahier A, portent la signature du P. Frei *Vicente de S. Thomé*, agissant au nom du révérend père curé, *«do padre vigario.»*

Il est bon de noter ici, pour plus de clarté dans ce qui va suivre, que le mot *vigario*, en portugais, a un sens plus étendu que notre dénomination de *vicaire* en français. En général on doit donner au mot portugais *vigario* le même sens que *curé, doyen,* ou *recteur.* Dans les différents documents d'où sont extraites les *notes chronologiques,* les Religieux de S. Dominique, chargés de l'administration de la paroisse de Tète, se donnent le titre de curé «*parocho*», de vicaire de paroisse «*vigario parroquial;*» de vicaire paroissial et du for extérieur, «*vigario parroquial e vigario da vara ou foraneo.*» Ces mots *vigario da vara* indiquent que le Père vicaire de Tète, outre les pouvoirs ordinaires de *curé,* avait encore une juridiction spéciale au dehors pour certains cas particuliers, comme accorder des dispenses pour les mariages, etc., et sa juridiction s'étendait sur les églises de Zumbo et de Zimbaoé, dont les chapelains relevaient de la mission de Tète.

L'office de «*vigario parroquial*» et celui de «*vigario da vara*» étaient souvent indépendants l'un de l'autre. C'est ce qui explique comment dans la même année, et souvent dans le même acte, deux Pères portent la désignation de «*vigario.*» L'un était «*vigario parroquial*» et l'autre «*vigario da vara* ou *foraneo*» c. a. d. curé archiprêtre.

1702

Le P. Frei *Francisco de N. Sr.ᵃ* administre le sacrement de baptême par délégation du curé, mais il oublie de mentionner le nom de ce dernier.

1709

P. Frei *Manuel de Santa Thereza,* curé de l'église de S. Jacques le majeur de la ville de Tète. A la date du 22 juillet commence le second cahier de registres de baptêmes, marqué de la lettre B, au feuillet 62. Le feuillet 76 a disparu; le 77 est entièrement séparé des autres; assurément que le document était plus considérable, et que des noms de missionnaires auront disparu. C'est ce qui explique les lacunes pour certaines années, et les intervalles parfois considérables où nous n'avons aucun fait à mentionner.

Le 8 septembre, le P. Frei *José de S. Thomé* remplace le curé Frei *Manuel de Santa Thereza* dans l'administration du St. baptême à trois jeunes enfants, Manoel, Marie et Antoine.

Le 13 du même mois, c'est un Père de la C.ie de Jésus qui est délégué pour remplir le même ministère. L'acte de baptême est ainsi conçu: «Le 13 septembre 1709, moi Père *Laurent de Sousa* de la C.ie de Jésus pour commission du T. R. P. Frei Manoel de Santa Thereza, *vigario da vara*, baptisai et donnai les saintes huiles à Antoinette, fille de Hyacinthe de Sousa et de Jeanne Carvalho. Ses parrains furent Diogo da Conceição et Sabine da Fonseca. En foi de quoi se fit cet acte, que je signai le même jour, mois, année ci-dessus. Lourenço de Sousa.»

1710

Pendant les six premiers mois de l'année, le Père Frei *Manoel de Santa Thereza* était d'office curé de l'église paroissiale de Tète. Tour à tour administrent le baptême par délégation les PP. Frei *José de S. Thomé* et Frei *Diogo de Santa Rosa*.

Au 27 juillet le Père Frei *Diogo de Santa Rosa* venait d'être nommé remplaçant du P. Frei *Manuel de Santa Thereza*. Trois ou quatre fois, on voit apparaître le P. Frei *Theodosio de Santa Maria* prêtant le concours de son zèle au nouveau curé de Tète.

1711

Du 25 février au 31 juillet, le P. Frei *Diogo de Santa Rosa* est désigné dans des actes de baptême comme légitime curé de Tète; à partir du 31 juillet, le

P. Frei *Francisco de Santa Clara* lui est donné pour successeur.

1712

Le 2 janvier, on voit le P. Frei *Francisco de Santa Clara* dans l'exercice des fonctions de curé. Les baptêmes des trois derniers mois de l'année furent administrés par le P. Frei *Theodosio de Santa Maria*, délégué du T. R. P. vicaire.

1713

Au 20 février, nous trouvons encore le P. Frei *Francisco de Santa Clara* remplissant ses augustes fonctions. A partir du 26 juin, c'est le P. Frei *Custodio do S. Sacramento* qui a charge d'âmes.

1714

Les habitants de Tête, possédaient le même curé, le P. Frei *Custodio do S. Sacramento.* — Manque le feuillet 76 du registre de baptêmes de cette année-là ; mais au feuillet 77, on retrouve la signature du sus-dit père vicaire.

1715

Vers le milieu de l'année, le Père Frei *Diogo de Santa Rosa* prend une seconde fois la direction de la paroisse. Le 14 août, le P. Frei *Pedro da Trindade* par délégation baptiza Hélène, fille de Dominique de Noronha et l'un des parrains fut le P. Frei *Theodosio de Santa Maria.*

1716

Le 28 janvier, nous apparaît comme curé de Tête le Père Frei *Diogo de Santa Roza* et son coadjuteur paraît être le Père Frei *Cypriano da Assumpção.*

20

1717

Le 14 novembre, le P. Frei *Diogo de S. Roza* «vigario da vara» exerce les fonctions de Juge dans une procédure de légitimation de mariage. Plusieurs actes, ayant rapport au sacrement de mariage, nous ont été conservés dans les archives de Tète, avec toutes les formes de procédures canoniques établies par le Saint Concile de Trente.

1719

Le 14 avril. — Père Fr. *João da Cruz*, curé de Tète.

1721

Au 20 mai, on trouve le Père Frei *Manuel Gonzaga*, religieux de l'Ordre de S. Dominique, dirigeant la paroisse de Tète.

1727

Le 3 mars, Père Frei *Ambrosio do Rosario,* de l'Ordre des Frères prêcheurs.

1729

Le 8 mai, Père Frei *Felix de S. José*, curé de Tète. L'Église de N. D. des Remèdes, au Zumbo, était desservie par le Père Frei *Manoel da Conceição*.

1730

22 janvier, Père Frei *Manuel do S. Oriente*, curé.

1735

A l'année 1735, 28 janvier, se rapporte une pastorale

du Père Frei *Simão de S. Thomaz*, docteur en théologie, député du S.* Office, et par la grâce de Dieu et du siége apostolique et du roi notre souverain, administrateur épiscopal, du Cap de Guardafui à celui de Bonne-Espérance, et Mozambique, Sofala et districts de Sena, etc. La dite pastorale datée de Sena, enjoint aux nationaux de déposer cautions pour les procédures matrimoniales, et cela en vertu de la sainte obéissance.

1736

A la date du 11 janvier, nous rencontrons le P. Frei *Matheus de S. Thomaz*, curé.

1739

Liste des personnes qui doivent à la confrérie de N. D. du S.* Rosaire pour l'ornementation de l'église le jour de la fête de Saint Dominique et de S.* Jacques.

1740

Au 26 août, Père Frei *Bernardo de Jesus Maria* s'inscrit comme curé de la ville de Tète.

Dans les comptes de la confrérie il est question du P. *Manuel Furtado* comme débiteur d'étoffe achetée aux enchères dans un encan qui s'était institué à l'occasion de la fête du S.* Rosaire. On voit que de nos jours encore le même usage existe dans la province.

1741

Le 1.*er* avril, le P. Frei *Fernando da Madre de Deus*, délégué du Père curé, administre le baptême à Espérance, fille d'Antoine Lobelto.

Le 14 août, se trouvait à Tète Frei *João da Annun-*

ciação, «religieux du S.ʳ Ordre des Prêcheurs, vicaire de la paroisse de N. D. du Rosaire de Manica, visiteur de ces royaumes pour le T. R. P. *Simão de S. Thomaz*, administrateur de ces rives, etc.»

1742

Deux Pères desservaient la paroisse de Tête, Père Frei *Fernando de Jesus Maria*, «vigario» et Père Frei *José da Madre de Deus*, son coadjuteur, ou vicaire en second.

1743

Père curé, Frei *Fernando de Jesus Maria*. Le 23 février *Antonio da Silva Goes* parmi les legs dont il dispose par testament, fait la déclaration suivante : « Je déclare que je possède quatre petits esclaves *(bichos)*, ayant pour noms Manuel, Thomé, Joseph et Gaétan. Les trois premiers pourront être vendus; quant au dernier, Gaétan, je le laisse libre et affranchi de l'esclavage «forro e liberto do captiveiro» à la condition de servir le T. R. P. *Fernando de Jesus Maria*; jusqu'à sa mort je l'applique au service divin et à la sacristie de S... Goa... et de nulle manière je veux que le *bicho* Gaétan ne soit vendu...»

1744

Frei *Fernando de Jesus Maria*, «vigario», et Frei *Antonio de S. Caetano*, religieux de l'Ordre de S. Dominique.

Le 8 Février, donation de la terre «Inhamitotto» au S.ᵗ Sacrement par *Teodosio Gonzalves Pinhão*, célibataire, sans héritier, naturel de Tête; laquelle terre de Inhamittoto du côté de Marave (da parte de Marave) avait été achetée au roitelet Bivy par Theodosio avec ses cotonnades «com seu fatto» le 13 Octobre 1739. Ce dernier était parent de D. *Maria Pynheira da Silva* déjà décédée, femme de *João Pereira o velho*. Celui-ci faisait valoir des prétentions arbitraires, et ne voulait rien moins que s'approprier la dite terre, à laquelle confinait sa propriété de Cahungué; mais un édit de *João V*, roi de Portugal trancha toutes les difficultés, et la terre de Inhamittoto resta affectée au service de l'église de Tète.

De nos jours encore, la dite terre est considérée comme appartenant au S.' Sacrement, mais elle est restée durant de longues années au pouvoir des rebelles de Massangano.

1747

Père Frei *Gaspar do Nascimento*, curé. Son nom est relaté, au 9 novembre, dans un extrait de sépulture.

1748

Dans divers documents de causes matrimoniales de cette année, nous rencontrons les noms des P. P. suivants :

10 juin — Père Fr. *Gaspar do Nascimento* « prédicateur général et curé de ce fort et village de S. Jacques le Majeur de Tète.» Père *Manuel Furtado*, religieux dominicain.

16 octobre — Père Frei *Manuel do Nascimento* et Père Frei *João de N. S. Ill.ca*

18 novembre. — Père Frei *José da Madalena*, curé bénéficier « encommendado. »

Les 20, 24 du même mois apparaît de nouveau Frei *Manuel do Nascimento*, avec le titre de « vigario parroquial de l'Eglise de S. Jacques le Majeur de Tète.

Le 27, Frei *Pedro de S. Rosa*, « vigario da vara.»

1749

Le P. Frei *Manuel do Nascimento*, curé. Il eut à informer sur un grand nombre de causes matrimoniales qui eurent lieu pendant la régence de ce Père.

Au 3o avril de cette même année se réfère une lettre pastorale de Frei *Francisco de S. Antonio*, « religieux observantin du glorieux Patriarche S. François, ex-gardien de son Couvent du S.¹ Esprit de Goa, Commissaire des Terciaires dans cette île de Moçambique, prieur et curé archiprêtre de l'église cathédrale, « da Sé matriz, » et visiteur pour le T. I. R. Sr. Frei *João de N. S.ra* administrateur épiscopal de ce dit Moss.ᵉ, Sophalla, Mombassa et rives de Sena, et de toutes les églises « do Padroado de Xp̄o », du Cap Guardafui à celui du Cap de Bonne Espérance, etc. »

Dans la lettre pastorale en question, le Père Frei *Francisco de S. Antonio* inflige la peine d'excommunication à ceux qui vendent les esclaves chrétiens aux païens et aux maures avec péril de leur foi : « ... Je fais savoir, dit-il, que je suis informé en réalité et avec vérité que les fidèles chrétiens, oublieux du devoir qu'ils ont de désirer et de procurer l'avancement de notre sainte foi catholique, la conversion des pécheurs, l'extirpation des hérésies, ont une si faible crainte du juste châtiment de Dieu, qu'ils vendent les esclaves aux infidèles et aux maures qui les réduisent à leurs réprouvées coutumes et à la maudite secte de Mahomet... pour l'accomplissement de mes obligations et de l'ordre royal de sa Majesté que Dieu garde, je fais publier la présente lettre d'excommunication majeure *ipso facto incurrenda*, par laquelle j'avertis et informe tous les fidèles chrétiens de quelque degré, qualité, et condition qu'ils soient, etc.

1750

Père, Frei *Manuel do Nascimento*, curé de l'église de S. Jacques le Majeur de la ville de Téte. Entre autres documents, le Père nous a laissé l'extrait de sépulture suivant : « Je certifie, moi, Père *Manuel do Nascimento*, vigario parroquial de l'église du glorieux apôtre S. Jacques le Majeur de Tète que, parcourant le registre des décès qui sert dans la dite paroisse, j'y ai rencontré à la fl. 46 l'acte suivant: Le 20 novembre 1747, les munhães tuèrent dans la guerre François Rodrigues Lolle, on ne sait quel jour; marié à Catherine de Azevedo. — P. *Gaspar do Nascimento* — C'est l'attestation que j'ai trouvée, et pour preuve de vérité, je fis le présent extrait que je certifie et jure, *in verbo sacerdotis*, fait et signé par moi. Tette, 26 octobre 1750. »

Le 25 décembre, le Sacrement de baptême fut administré par le P. *Bernardo da Annunciação*.

1751

27 mars, *Manuel do Nascimento*. C'est à peu près vers cette époque qu'il mourut, ainsi qu'on le voit par une lettre d'un de ses confrères qui y fait allusion.

1752

Frei *Silvestre do Rosario*, curé de Tète. Le 10 février, Frei *Manuel Furtado* est délégué pour l'administration du Sacrement de baptême.

Le 27 octobre, dans les actes d'enquête d'une cause matrimoniale se voient les noms du Père Frei *Caetano Alberto*, « vigario » et Père *Caetano de Santa Anna*, religieux observantin.

1753

14 mai, P. Frei *Caetano Alberto*.

25 octobre, P. Frei *Manuel de Jesus Maria*, du Saint ordre des FF. prêcheurs, curé de cette paroisse de S. Jacques le Majeur de Tète.

1754

14 juin, Père *Manuel de Jesus Maria*

20 août 1.er septembre, le P. Frei *Francisco da An-*

nunciação, religieux de S. Dominique, confère le baptême par délégation de *Caetano Alberto*, curé de la paroisse de Tète.

1755

18 mars, P. Fr. *Antonio de S. José* « vigario, ».

A cette date commence le 3.ᵉ cahier de registre de baptêmes C,. de la page 141 à 154, 29 avril 1758.

Au 19 du même mois est relaté le baptême de *João* fils adulte de parents païens « esclave » de la maison S. Dominique. Les parrains furent le Père Fr. *Francisco da Annunciação*, de l'Ordre des Frères Prêcheurs et le Père *Luiz da Conceição*, religieux réformé de N. P. S. François.

Le P. *Luiz da Annunciação* était visiteur de Tète à cette époque; car à la date du 31 mai revisant le registre des baptêmes de la paroisse, il écrit: « vu en visite, et j'ordonne qu'il s'observe selon les ordres de l'Ill.ᵐᵉ et R.ᵐᵉ Sr. Administrateur. »

Le 10 octobre, le P. Frei *Francisco da Annunciação* remplace dans les fonctions sacrées du baptême le P. Frei *Placido Atilão*, « vigario da vara ».

Le 20 du même mois, le P. Frei *Joaquim de Jesus Maria*, lève des fonts baptismaux Jeanne, fille légitime de Dominique de Auclar et de Marie Rodriguez de Aguiar.

Bientôt dans différentes enquêtes apparail de nouveau le P. Frei *Placido Atilão*, avec les titres de « Commissaire des Religieux Prêcheurs dans les districts de Sena, et vigario da vara » de cette juridiction de Tète, et Juge des procédures et causes matrimoniales, juge des biens-fonds et Chapelles pour le T. Ill.ᵉ et R.ᵐᵉ Sr. P. *João de N. S.ʳᵃ* et administrateur épiscopal de Mozambique et terres de Senna, etc.

1756

20 janvier. Lettre de Goa adressée au Père curé de Tète par le P. Frei *Antonio de N. S.ʳᵃ* demandant des

renseignements et une recette touchant le *mutra*, probablement remède en usage parmi les cafres.

Le 25 janvier, on défère au tribunal du Père Frei *Placido Atilão* un cas *de impotentia* que l'on disait suffisamment prouvé pour exiger dissolution de mariage.

Jusqu'au 15 octobre, le P. Frei *Placido Atilão* se partage le soin de la paroisse de Tète avec le P. Frei *Francisco da Annunciação*.

Le 15 octobre, au livre C des actes de Baptêmes, fl. 146, le P. Frei *Thomaz da Esperança* s'offre à nous comme le nouveau curé de Tète. Quinze jours plus tard, 31 octobre, le Père curé déléguait le P. *José Antonio* de la Compagnie de Jésus, pour le remplacer dans les fonctions sacrées. Voici la traduction du document : « le 31 octobre 1756 dans cette paroisse, de Tète, moi P. *José Antonio* de la Compagnie de Jésus, supérieur de la résidence du S.ᵗ Esprit de la même localité, par délégation du T. R. P. Frei *Thomaz da Esperança* du S.ᵗ Ordre des Prêcheurs, vicaire paroissial de la dite église, je baptisai et oignis des saintes huiles *Anna* fille légitime de *João Moreira Pereira* et de *Francisca Josefa de Moura*, habitants de la dite ville, etc. »

1757

Le 17 avril, le P. Frei *Thomaz da Esperança* exerçait encore les fonctions de curé.

Le 8 mai, le P. Frei *Manuel das Chagas*, signe dans le registre de Baptêmes avec le titre de « vigario parrochial e da vara. »

Le 15 juin, c'est encore le P. *José Antonio*, de la Compagnie de Jésus, qui prête le concours de son ministère au R. P. vicaire de Tète. Voici la traduction de l'acte de baptême. «Le 15 juin 1757, dans cette paroisse de S. Jacques le Majeur de Tète, par Commission du T. R. P. vicaire *Manoel das Chagas*, moi, P. *José Antonio* de la Ste Compagnie de Jésus, supérieur de la maison de Tète, je baptisai et oignis des saintes huiles Joseph, jeuneenfant, né le 8 courant, fils légitime, etc.»

Le 13 septembre, le P. Frei *Manuel das Chagas* n'exerce plus l'office de curé. Il se donne le titre de délégué du T. R. P. *Placido Atilão*, « vigario parroquial e da vara. »

Le 16 octobre, le P. Frei *Thomaz da Esperança* agit également comme délégué du P. *Placido Atilão*.

Enfin le 23, les mêmes pouvoirs sont accordés au P. *João Bautista* de la Compagnie de Jésus et supérieur de la Résidence de Marangué. L'acte est ainsi conçu : «Le 23 octobre de l'année ci-dessus (1757) moi *João Bautista*, de la Compagnie de Jésus et supérieur de la résidence de Marangué pour commission du T. R. P. *Placido Atilão*, «vigario» de l'Eglise de S. Jacques le Majeur de Tète, je baptisai et oignis les saintes huiles, Anna, fille de mère païenne et de père inconnu. Ses parrains furent João Caetano Solis et Maria de Souza, etc...»

C'est le dernier document authentique que j'ai trouvé concernant la présence des anciens Pères de la Compagnie de Jésus au Zambèze. La Compagnie de Jésus fournit des prêtres et des instituteurs aux tribus des rives du Zambèze jusqu'à l'année 1759, où tous ses missionnaires d'Afrique furent saisis en même temps que ceux d'Amérique et des Indes, et transportés à Lisbonne dans les prisons de Pombal !

A partir du 28 novembre le P. Frei *Thomaz da Esperança* signe de nouveau avec l'appellation de « vigario d'esta parochia de S. Thiago M. de Tète.»

1758

Le 19 avril, jour où se termine le registre 6 des baptêmes, le P. Frei *Thomaz da Esperança* exerçait le S.^t ministère dans la paroisse de Tète, en compagnie du

P. Frei *Ignacio de S. Francisco*, de l'ordre des Frères Prêcheurs.

Le 19 mars, je trouve l'acte de baptême suivant : « Le 19 mars 1758, moi Père *Luiz Bautista* par commission du T. R. P. vicaire de cette paroisse, je baptisai Antonio, etc... »

Qu'était-ce que ce P. Louis Baptiste ?

Dans l'enquête qui eut lieu à l'occasion de la célébration d'un mariage, le 5 juin de la même année, il prend les titres suivants : « *Padre Luiz Bautista, prior, vigario da vara, visitador e auditor geral no ecclesiastico n'esta povoação de Tète pelo Illmo e R.^{mo} Sr. administrador da episcopal administração, etc.* »

A la date du 5 août, se rapporte une curieuse liste de 99 esclaves petits et grands que João Rodriguez de Lima, déjà défunt, hypothéqua pour l'esclavage (escravatura) de **242** *maticals* de *Butonga*, à la Confrérie de N. D. du Rosaire, et 66 maticals de *ganhão*. Suit la liste des susdits esclaves dont 62 présents et 37 absents.

Le 11 septembre, Frei *Bernardo da Annunciação* est chargé de la direction de la paroisse de Tète.

1759

Le Père Frei *Bernardo da Annunciação* continue à remplir la charge de curé.

Le 9 septembre, dimanche, fête du S. Nom de Marie, en exécution des ordres venus de Lisbonne, les P.P. de la Compagnie de Jésus établis à Tète, à Marangué, à Chivuri, etc. sont mis en prison, et bientôt expulsés de la province de Mozambique.

Le P. *Mauricio Thomann*, originaire du Tyrol, qui fut un des derniers missionnaires jésuites de la Cafrerie et une des plus illustres victimes de cette néfaste expulsion a raconté les circonstances de sa déportation dans une biographie allemande, où l'on trouve en même temps une intéressante description du pays et des peuples cafres.

Voici la traduction du Chapitre VIII de la biographie du Père Thomann où se trouve décrite l'arrestation des Pères de Tète, par ordre du roi de Portugal, l'an 1759.

«Le 7 septembre, dit le P. Thomann, j'étais allé, avec un de mes confrères, à Tète sur l'invitation du supérieur, afin d'y célébrer le lendemain la fête de la Nativité de la Sainte Vierge. Je voulais retourner à mon poste aussitôt après la fête, mais les pères de Tète me prièrent de rester encore quelques jours, et je me déterminai à rester jusqu'au lendemain, 9 septembre, jour où tombait cette année, la fête du Saint Nom de Marie.

Nous venions de nous lever de table, et nous étions en train de prendre quelques instants de récréation, tout en discutant sur le péché originel, lorsque tout-à-coup arriva le commandant accompagné de plusieurs portugais et de beaucoup d'hommes blancs et noirs tous armés jusqu'aux dents. Nous reçûmes poliment les nouveaux venus, sans arrière-pensée, et nous les introduisîmes au parloir.

Après avoir conversé quelques minutes, le commandant se leva, ainsi que les personnes de sa suite, et nous annonça, les larmes aux yeux, (car il avait toujours été notre meilleur ami), que, d'après un ordre urgent et très-sévère du roi de Portugal, nous devions être pris et mis au secret, comme prisonniers d'état, et il ajouta qu'aucun de nous ne pouvait aller dans sa chambre prendre quoique ce soit, pas même le Bréviaire; et sur-le-champ, sans nous donner même le temps de changer de linge, on nous saisit et on nous conduisit sous bonne escorte à la prison de la forteresse, qui était un réduit sale, infect, obscur et plein de vermine, demeure habituelle des voleurs et assassins, et nous étions jour et nuit gardés à vue.

Nous demandâmes la cause de ce terrible châtiment, et on nous répondit que nous étions tout à fait innocents;

mais que nos frères d'Europe avaient attenté à la vie du roi de Portugal et commis beaucoup d'autres crimes, et que cela devait comme un péché originel retomber sur notre tête. On peut s'imaginer quel coup de foudre cette nouvelle fut pour nous. Mes compagnons se mirent à pleurer à chaudes larmes; quant à moi, il ne me fut pas même donné de soulager ainsi mon cœur oppressé!

D'ailleurs le commandant nous visita souvent, ainsi que les Pères dominicains, afin de nous consoler et apporter quelque distraction à notre séquestration. En fait de nourriture, on ne nous laissa manquer de rien.

Entre nos amis, se trouvait en ce temps à Tète un officier portugais qui, bien qu'il eût été autrefois renvoyé de la Compagnie, se montra toujours envers nous plein d'attention et de dévouement. Il était, pour sa bravoure, bien vu partout et surtout craint. A l'époque de notre emprisonnement, le commandant l'avait envoyé dans un endroit éloigné, sous pretexte que l'on allait faire la guerre à un des roitelets de là. Plus tard, lorsque nous étions déjà en prison, on le rappela et il nous visita souvent. Il nous offrit même le moyen de nous échapper, ce qu'il pouvait nous procurer facilement, vu qu'il avait été employé à reconstruire la forteresse, et comme il craignait d'être incarcéré à cause d'un assassinat dont on l'accusait, il s'était ménagé une issue secrète en cas qu'il fut emprisonné, et il voulait nous enseigner le chemin connu de lui seul!

 Il fut aussi permis aux capitaines de nos noirs de Marangué de nous visiter dans la prison. Ils nous offraient leurs vies et leur sang pour nous délivrer, mais nous leur donnions chaque fois pour réponse que nous n'en avions pas besoin et que nous étions sûrs d'ailleurs qu'on ne tarderait pas à nous mettre en liberté, attendu que nous étions tout-à-fait innocents de tout ce dont on nous accusait. Si nous n'avions pas agi de la sorte, le sang aurait certainement coulé; car nos gens de Marangué étaient tout particulièrement des têtes chaudes et avec cela pleins de bravoure! Les noirs sont très-enclins à la rébellion et à la guerre dans le désir de pouvoir voler et massacrer, et ils auraient certainement commencé par les blancs. Le commandant le craignait, et il avait fait rechercher les armes avant notre incarcération dans toutes les maisons sous prétexte de guerre.

Qu'est-ce que nous aurions d'ailleurs gagné par la fuite? Rien autre chose, sinon d'être obligé à vivre comme les sauvages dans les forêts et les déserts! Car comment aurions-nous pu arriver en Europe ou dans un pays qui ne fut pas portugais sans argent, sans provisions et sans connaître le chemin? C'est pourquoi, il était parfaitement inutile de nous faire garder si sévèrement, parce que la fuite aurait été pour nous un mal pire que la prison! Nous pouvions du moins ici sauver notre misérable vie et nous consoler dans la pensée que cet orage se calmerait bientôt.

Après avoir passé huit jours à Téte en prison, on nous mit sur une petite embarcation pourvue de douze rameurs, et sous la garde d'un officier et de quelques soldats on nous descendit sur le Zambèze jusqu'à Sena. Dès la première nuit, nous couchions en face de notre résidence de Marangué, mais on ne nous permit pas d'aller dormir à la maison; nous fûmes obligés de passer la nuit à la plage sous une tente.

Cependant on nous permit, avant notre départ, d'aller avec une escorte de soldats à notre résidence afin de prendre quelques vêtements les plus indispensables. Nous trouvions là tout en désordre; mais nous devions nous taire et nous en aller! J'étais très-affligé lorsque je fus obligé de laisser mon servant que j'avais amené d'Asie et qui me fut toujours très-fidèle et très-attaché, ainsi que nos braves chrétiens qui pleuraient à chaudes larmes en considérant mon grand malheur. Cependant il me fut permis de prendre un petit noir pour mon service.

Après un voyage de huit jours, nous arrivâmes à Sena, où le gouverneur nous traita très-dûrement. On nous conduisit dans la noire prison de la forteresse et personne ne pouvait communiquer avec nous et nous visiter. Triste revirement de la fortune! Nous étions prisonniers là où auparavant fut la maison-mère de notre mission et où les habitants nous eurent toujours en très-grande vénération et parfaite estime! Nous fûmes gardés par un lieutenant qui nous fit souffrir toutes sortes de rigueurs, et qui, après une semaine, nous conduisit plus loin. Cet homme voulait toujours nous avoir sous les yeux, et il paraissait tout particulièrement se méfier de moi, bien que j'en ignore complétement le motif.

Chaque nuit nous couchions à la plage, quoiqu'une fois nous aurions pu très-bien nous reposer dans notre résidence de Caia. Une autre fois, nous faillîmes périr enterrés sous le sable que le vent avait entassé sur nous!...

A l'endroit où le Zambèze se partage en deux branches, (probablement Mopeia) nous fumes confiés à un autre officier très-brave homme qui nous conduisit jusqu'à Quelimane. La forteresse de cet endroit est éloignée de deux lieues de Quelimane. Le commandant de Sena avait donné ordre de nous transporter sur un navire qui était dans le port, mais le commandant qui était notre ami nous envoya dans notre résidence où il y avait déjà sept autres jésuites, et ne nous garda que pour l'apparence, et je puis assurer que ce ne fut pas un petit soulagement pour nous de nous trouver réunis; car ainsi nous pouvions nous consoler et nous assister dans nos nécessités. Le commandant nous disait franchement que si l'un de nous se sauvait (et certes les occasions ne nous manquaient pas) il n'aurait plus, lui, d'autre moyen de sauver sa tête que de prendre la clef des champs.

Le gouverneur de Sena envoya ordre sur ordre afin qu'on nous embarquât sur le navire qui était en partance; mais le commandant de Quelimane répondait qu'il n'avait d'autre ordre sinon de nous mettre en prison et de nous emmener sûrement à Mozambique, et que d'ailleurs sur le navire désigné, il y aurait beaucoup trop de difficultés pour nous, pour nos serviteurs et les gardiens.

Nous nous trouvions à Quelimane du 3 octobre au 1er novembre. C'est l'époque ordinaire et la saison favorable où les vaisseaux sortent de ce port, en route pour Mozambique. Le jour de la Toussaint, un de nous put célébrer la sainte messe et donner la communion à ses compagnons de captivité, bonheur qui ne nous avait point été offert depuis le jour de notre emprisonnement. C'était en effet pour nous, ministres de Jésus-Christ, une peine immense de voir notre église se dresser devant nous et de ne pouvoir y célébrer la sainte messe! mais en cette occasion, le commandant pouvait nous le permettre vu qu'il y avait ordre exprès du roi et de l'évêque que tous ceux qui devaient sortir de ce port très dangereux, devaient recevoir la Sainte communion avant de s'embarquer. Pour sortir de ce port, il faut que ce soit à la nouvelle ou pleine lune, parce qu'alors l'eau monte davantage; secondement, il faut attendre que la marée descende pour sortir, et qu'elle monte pour entrer, par ce qu'alors le vaisseau est poussé par les eaux, et troisièmement, il faut avoir un vent favorable.

Le 2 novembre nous partîmes et avançâmes jusqu'à la forteresse de Tangalane ou bouche du Zambèze; nous étions encore à l'ancre, lorsque un autre vaisseau qui était au même point voulut nous précéder; mais le vent fut trop faible, et le navire poussé par les flots alla se jeter avec une telle force sur un banc de sable, qu'il s'ouvrit au milieu et coula à fond avec tous les passagers excepté quelques noirs et quelques marins qui s'échappèrent à la nage. Trois des nôtres avaient été sur le point de s'embarquer sur l'infortuné navire. Dieu ne l'avait pas permis. Il nous réserva pour d'autres épreuves...

1760

Dans un document, à la date du 18 août, nous trouvons la signature du P. Frei *Ignacio de S. Francisco,* « vigario, » et dans un second document à la date du 26 du même mois, le P. Frei *Bernardo da Annunciação,* met son visa de la forme suivante : « moi, Frei *Bernardo da Annunciação,* de l'ordre des Prêcheurs, visiteur, commissaire des religieux de S. Dominique sur ces rives de Sena et districts de la Couronne, Commissaire du S. Office et de la Bulle de la S.ᵗᵃ Cruzada, *vigario da vara,* Juge dans les procédures matrimoniales, chapelles et fonds, pour l'Ill.ᵐᵒ et Rev.ᵐᵉ Sr. *João de N. S.ᵐ* approuvé en sainte théologie, administrateur épiscopal, par la grâce de Dieu et du siége apostolique, de Mozambique et de la Côte Orientale de l'Afrique pour Sa Majesté très-fidèle que Dieu garde, etc. »

1761

Le 21 décembre, le P. Frei *Manuel das Chagas* est une seconde fois investi des fonctions de Curé qu'il avait déjà exercées en 1757.

1762

Au 7 janvier, on retrouve le P. Frei *Manuel das Chagas.*
Un document tiré du livre de recettes de la Confrérie de N. D. du S.ᵗ Rosaire nous fait connaître que le P. Frei *Caetano Alberto* était parti pour une meilleure vie.
Le 30 août, P. Frei *Ignacio de S. Thomaz.*
Le 31 octobre, P. Frei *Vicente de S. Thomaz* « vigario. »

1763-1764

Frei *Vicente de S. Thomaz,* vigario.

Le 14 juillet, le Père Frei *Vicente da Graça* signe l'acte de sépulture suivant : « En ce jour mourut Manuel da Silva de S. Thiago, marié et domicilié en cette ville de Tète, sans aucuns sacrements pour faute de temps ; il fut enterré en sépulture ecclésiastique à l'intérieur de l'église au-dessous de la chaire, et pour vérité je fis cette attestation que je signai : Fr. Vicente da Graça.»

Le 16 octobre, Fr. *Vicente de S. Thomaz*, signe de nouveau comme « *vigario e presid.*° »

1766

Le 24 janvier, Fr. *Domingos dos Santos Farinha*, « *vigario da vara.* »

Le 20 février, Fr. *Vicente da Graça*, « vigario. »

1767

Le 2 février, Frei *Domingos dos Santos Farinha*, de l'ordre des Frères Prêcheurs.

1768

Le 18 juillet, Frei *Vicente da Graça* « vigario.»

1771

Dans divers documents, on trouve tour-à-tour les noms qui suivent :

Le 7 janvier, Frei *Ignacio Galvão de Santa Ritta de Cassia*, de l'ordre des Frères prêcheurs. Il a laissé une douzaine de sermons écrits, dont plusieurs avaient été prêchés en diverses églises de Portugal, comme cela se voit à la première page.

Le 12 janvier, Frei *Domingos dos Santos Farinha*.

Le 31 août, P. *Luiz Lobo*, clerc de l'habit de S. Pierre

et vicaire substitut de cette église de S. Jacques le majeur, pendant l'absence du R.^{mo} Père curé de celle-ci, Frei *Ignacio Galvão de Santa Ritta de Cassia,* du St. ordre des Prêcheurs.

1772

Le 3 mai, Frei *Ignacio Galvão de Santa Ritta,* « vigario. »

Le 14 Juin, Frei *Felix de S. Antonio Silva.*

Le 18 octobre, Frei *Carlos da Expectação.*

1773

Nomination à la charge de Commissaire subdélégué de la *Bulle de Santa Cruzada* dans cette ville de Tète et celle de Zumbo, concédée au P. Frei *Ignacio Galvão de Sta Ritta,* de l'O. des F. F. prêcheurs, «vigario parroquial e da vara,» de cette dite ville et commissaire du S. Office dans les deux villes ci-dessus nommées, par le docteur *Manuel Antonio Ribeiro,* gentilhomme «fidalgo,» chapelain de Sa Majesté très-fidèle, inquisiteur apostolique dans l'Inquisition de Goa, chevalier profès de l'Ordre du Christ, «desembargador da relação do Porto,» chancelier des trois ordres militaires, etc., etc.

1774

Le 20 janvier, Frei *Ignacio Galvão de Sta Ritta,* et Frei *Francisco de Sta Ritta Portiuncula,* religieux observantin, et coadjuteur de cette église de Tète.

Le 3 novembre, le soin de la paroisse est confié au P. Frei *Caetano de Santa Quiteria Faro,* de l'ordre de S. Dominique.

1775

Le 7 janvier, Frei *Caetano de Santa Quiteria Faro,* «vigario.»

Le 7 février, Frei *André de S. José* « vigario parroquial » de cette église du glorieux apôtre S. Jacques le Majeur de Tète.

Le 27 avril, Frei *Luiz da Conceição.*

A Sena, Frei *Eusebio Francisco Xavier* « prior, » et F. *Luiz de N. S.ª do Rosario.*

1876

Le 2 avril, Fr. **Caetano de S. Quiteria Faro**, curé.

Le 14 Juillet; à cette date se rapporte un acte de sépulture prouvant que, outre l'église paroissiale de S. Jacques le Majeur, et l'église du S.ᵗ Esprit, ancienne propriété des P. P. de la Compagnie de Jésus, il y avait encore à Tète une troisième église conventuelle des P. P. de S. Dominique. « En l'an du Seigneur 1776, 14 juillet, succomba de la vie présente João Moreira Pereira, portugais originaire de Ovar, marié à D. *Francisca Josepha de Moura e Menezes.* Il fut enterré dans l'église S. Paul, avec les sacrements et testament; étant curé Frei *Caetano de S. Quiteria Faro.* »

Le 27 septembre. **A** cette époque avait eu lieu le changement du curé. Nous lisons les mots suivants dans un extrait de baptême : « Etant « vigario da vara, » Frei *Manuel Pinto da Conceição*, le P. Frei *José Felix de Noronha* administra le sacrement de Baptême, par délégation du père vicaire empêché par la maladie « assim impedido pela molestia. »

1777

Le 9 janvier, Frei *Domigos dos Santos Farinha* remplace le père vicaire dans l'administration de baptême.

18 avril, Frei *Manuel Pinto da Conceição,* nous a laissé l'attestation du pieux usage qui se pratiquait alors, et que l'on rencontre dans plusieurs documents : « Je certifie, moi

P. Manuel Pinto da Conceição actuellement curé de la
paroisse de S. Jacques le Majeur de cette ville, avoir
examiné sur la doctrine chrétienne les dits contractants
Antoine de Mello Sampayo et Joanne de Avelar, et les
avoir trouvés suffisamment instruits. Pour vérité, je passai
cet acte, année et mois comme ci-dessus.

13 août, en la ville de S. Martial de Sena, Frei *Joaquim de S. Anna*, père vicaire conventuel de la maison
de S. Dominique.

1778

Le 20 janvier, Frei *José de Jesus Maria e Sousa*, curé
de Tète.

10 mars, Fr. *Manuel Pinto da Conceição*, coadjuteur,
vicaire de la paroisse et du fort extérieur de cette capitale
du district de Tète.

22 novembre, Frei *Pedro de S. Roza*, proc. et vic. général. Etait-ce le même que celui qui est désigné ci-dessus à l'année 1748? Le même personnage que Frei Pedro
si célèbre parmi les noirs dans le district de Zumbo? La
chose n'est pas impossible; mais rien ne le prouve.

1779

18 mars. Frei *Vasco da N. S.^{ra} do Pilar*, « coadjuteur
compagnon du vicaire de Tète et chapelain de la garnison de Zimbaoé. »

1er mai, Frei *José Barbosa Machado de Aguiar*, religieux du S. Ordre des FF. Prêcheurs, commissaire sub-
délégué du S.^t office et de la Bulle de Sta Cruzada, vigario *da vara*, dans les districts de cette ville de Tète,
étant vicaire général de la Congrégation de Goa, le T. R. P.
« presentado » Frei *Antonio de N. Senhora*.

Il reste encore de Frei *José Barbosa* et de ses succes-
seurs jusqu'à l'année 1787, deux livres de comptes, mais

en fort mauvais état, l'un de recettes, l'autre de dépenses de la maison conventuelle de S. Jacques le Majeur. On trouve des documents assez curieux sur les gens de service, sur les travaux des Pères, sur le mode de payer les ouvriers, sur les réparations annuelles faites au couvent des Pères et à l'église paroissiale, édifices de l'époque, couverts de paille et bâtis avec des pierres et de la boue (mataca).

Les Pères dominicains possédaient les trois terres de Tipué, Maparo et Fumbé. Il se faisait annuellement deux visites à la terre de Tipué qui se trouve située à l'entrée des Lupatas, sur la rive droite du Zambèze. A l'occasion de ses visites, « le Père donna au *fumo Cosso* (chef de la terre) de quoi se vêtir, une tunique de laine, et un bonnet rouge, un mouchoir de couleur et deux bouteilles de cajou... »

1780

Le 7 Juillet, Frei José Barbosa Machado de Aguiar, curé ; — Frei José do Patrocinio Telles, de l'ordre des FF. prêcheurs.

1781

Le 17 mai, Frei José Barbosa Machado de Aguiar.
Le 6 août, Frei Fernandes de Fonseca.
Le 8 octobre, Frei *Patricio de S. José* signe un reçu de 47 maticaes et 3 tangas pour des messes acquittées pendant l'année à l'intention des Confrères décédés de la Confrérie de N. D. du S.¹ Rosaire.
Le 17 décembre, Frei *Barboza* administre le baptême, et le gouverneur Manuel de Mello e Castro fut parrain de l'enfant.
Même année. Documents portant pour titres : *Privilèges, Edits* et *Ordonnances royales* en faveur des nouveaux convertis à la foi chrétienne : 1) Privilèges de Juge conservateur des nouveaux convertis à notre S.ᵗᵉ Foi, 21 fé-

vrier, 1581. Le roi. (Probablement D. Philippe II d'Espagne qui occupa le trône de Portugal dans l'interrègne qui suivit la mort du Cardinal D. Henri, du 31 janvier 1580 — 16 avril 1581). — 2) Edit du Roi D. Sébastien pour que les maures et païens ne puissent avoir des cafres. — 3) Privilèges de D. Constantin, pour que les esclaves qui se convertiront de leur libre volonté demeurent affranchis, et que les infidèles étrangers ne puissent les acheter dans les places fortes de son altesse. — Ce dernier document a disparu; il n'en reste que le titre. On voit que dès le principe de la conquête du Zambèze, le gouvernement portugais fit de louables efforts pour améliorer le sort des malheureux esclaves et sauvegarder la foi de ceux qui voulaient librement embrasser le christianisme.

1782

29 janvier. Frei Barbosa Machado de Aguiar eut à porter sentence dans un cas de violation de jeune vierge. On fit comparaître la victime et les témoins. Par sentence juridique, le coupable fut condamné à payer plusieurs *maticaes* d'or en poussière pour réparation et dommages intérêts de l'outrage commis.

1783

Registre de la chrétienté de Tète. — Liste de ceux qui durant le Carême de 1783, accomplirent le devoir pascal. On compte sur la liste 1035 noms de chrétiens tant européens qu'indigènes, sous les diverses dénominations de nègres, cafres, serviteurs, esclaves, affranchis, *bichos*, captifs et captives.

La maison S. Dominique comptait 44 personnes baptisées, sacristains, domestiques, affranchis, esclaves. Le nombre des chefs de famille (maisons ou foyers) s'élevait à 94, dont quelques-unes avaient jusqu'à 74 esclaves ou serviteurs chrétiens, comme celle du commandant Jozé Alvarez Pereira ; — 69 comme celle du gouverneur Antonio Manuel de Mello ; — 84 comme celle de la veuve D. Filippa Antonia de Moura e Menezes, etc. La compagnie de *sipaes*, comptait 8 officiers et 43 soldats chrétiens ; les païens naturellement ne sont pas compris dans la relation. La Compagnie de Zimbaoé s'élevait à 6 officiers et 17 soldats inférieurs professant la religion catholique. Les officiers et soldats sont notés, à part trois ou quatre, comme ayant satisfait au devoir pascal.

Pendant le Carême, les habitants de la ville qui avaient des esclaves chrétiens employés à l'exploitation des *prazos* les faisaient venir en ville pour leur laisser la liberté de régler leur conscience avec Dieu. Voilà pourquoi nous trouvons les indications suivantes : «nègres, captifs, nègresses *do Bar* qui viennent seulement en ville, au temps de Carême.» — Puis sont désignés les chrétiens qui vivaient dans les terres de Catipo, Mussonha, Inhampende, Quebrabasa, Mitete, Berimbe, Machedoa, Benga, Condo, Bossa, Nhangire, Pandamazi, Manjazi, Domué, Xitipú, Xingoza, Capanga, Chimambe, Inhamitarara, Montepice, Marabue, Bambe, Tipué, etc.

1784

9 juin. Père Frei *José Barboza Machado de Aguiar* vicaire. Il défendit avec courage les droits de son couvent contre les prétentions d'un juge de cette ville, Denis d'Araujo Bragança, qui avait fait exécuter l'inventaire du mobilier du défunt Père Frei Fernandes da Fonseca, religieux de S. Dominique. Les prétentions de ce juge étaient autant arbitraires que ridicules, car les religieux de S. Dominique étaient légalement reconnus par l'Etat comme ayant droit de posséder en commun des chapelles, couvents, et biens-fonds. En outre le Père Frei Fernandez était mort dans une maison conventuelle de son ordre où

résidait un prélat local et ordinaire. La raison que faisait valoir le Juge Denis d'Araujo était que la maison des Pères à cette époque ne possédait pas le nombre voulu de sujets pour former le chapitre conventuel.

1785

22 avril, dernier document où figure le nom du père Frei *José Barboza* comme vicaire de la paroisse.

Le 4 septembre, le père Frei *Antonio da Encarnação* se donne le titre de vicaire de cette ville.

Dans le livre de recettes de cette année de la maison conventuelle de S. Jacques, on trouve cette déclaration : «Il se consomma en cinq mois, de janvier à la fin de mai, époque où le Père vicaire Frei *José Barboza* remit en d'autres mains cette maison conventuelle et paroissiale, 89 *panjas de milho*.» — En cette année-là, sous le gouverneur Antonio Manuel de Mello e Castro, furent construites les casernes de la ville, à l'emplacement où elles existent aujourd'hui, ainsi que cela se voit par l'inscription lapidaire suivante :

«Sendo Governador dos rios de Senna, Antonio Manuel de Mello e Castro, mandou fazer estes armazens e quarteis no anno de 1775.»

Lettre du R.^{me} Frei *Amaro José de S. Thomas*, évêque de Pentecomia, prélat de Moçambique, au père vicaire de Tète Frei *José do Patrocinio Telles*, dans laquelle se donne la nomination de plusieurs pères aux diverses paroisses et églises de la mission : «Mon très-révérend Père, Frei José do Patrocinio Telles, comme Votre Paternité part pour les rives de Sena, et qu'il nous est nécessaire de pourvoir l'église du Zumbo, sans que nous envoyions de cette capitale aucun ecclésiastique, nous rappelons à votre Paternité la même chose que le jour des adieux nous communiquâmes à votre religieuse personne ; à savoir que va promu à la dite paroisse le P. José de Mascarenhas, actuellement curé de Manica, et que en conséquence de ce changement, nous pourvoyons également Manica avec le P. Caetano; — Luabo, avec le P. Salvador, et Caya avec le P. Luiz de Sousa; au moins par intérim.... »

Au 17 novembre, apparaît le P. Frei *Manuel Antonio do Rosario Pereira, «vigario da vara»,* dans un acte portant le titre — Termo para viver bem com a sua mulher — Une veuve n'ayant qu'une fille, la marie à un jeune-homme; mais celui-ci par ses excès et son inconduite devint bientôt le bourreau de son épouse. La mère de l'épouse malheureuse porta plainte au tribunal du père vicaire; le mari protesta de son innocence et de sa fidélité. Somme toute, le père vicaire les exhorta avec sa douceur et sa charité habituelle à se réconcilier, à vivre en paix et en famille; ce que promit le coupable par serment solennel.

1787

Le 1.er janvier, le Père Frei *José do Patrocinio Telles* prit possession de cette maison conventuelle de S. Jacques le majeur.

Le 13 février, lettre pressante adressée au capitaine d'infanterie Ignacio José Ribeiro, sur le manque d'instruction religieuse de sa compagnie et sur les concubinages de ses soldats. Sur la nécessité et les moyens de remédier à de si grands maux.

Le 21 février, le même Père Frei Telles écrivait une longue lettre pleine de science et de piété, par laquelle il exhorte ses paroissiens à la pénitence, pour accomplir comme ils doivent les préceptes de la confession et de la communion, déterminant la forme et la qualité ainsi que la nature des peines qui seront infligées aux réfractaires.

Le 30 avril, le Père écrivait au trésorier et administrateur de la Confrérie de cette église de faire faire une hampe plus décente pour la croix de procession, aux dépens de la fabrique.

Le 3 octobre, acte d'enquête sur l'accusation portée contre le chirurgien major *Francisco de Sousa Macedo* d'avoir profané le sacrement de mariage, ayant célébré de nouvelles noces solemnelles à Tète du vivant de sa première et legitime épouse qui était en Portugal.

De 27 décembre, le prélat de Mozambique, l'évêque de Pentecomia envoyait un resumé de la doctrine chrétienne adopté dans les églises de sa jurisdiction, recommandant aux curés de faire le catéchisme tous les dimanches et fêtes, de veiller à ce que l'étude de la religion fut sérieuse dans les écoles, et à ce que les fidèles assistassent régulièrement à la messe. Il étend les mêmes prescriptions à l'église de Zumbo.

Dans le compte-rendu de ceux qui se sont inscrits pour le devoir pascal, le nombre total des chrétiens s'élève envion à 1049 personnes. La compagnie de la garnison de ce fort offre un contingent de 9 officiers et 45 soldats chrétiens; á Zimbaoé, 8 officiers, et 18 soldats, sont relatés des chrétiens venus de différents prazos, tels que Pandoe, Comocapa, Mittete, Benga, Mussonha, Campanga, Imhampanda, Catouire, Inhomacozi, Domoni, Domué, Inhanjira, Mazanha, Danze, Matinde, Marobi, Matonhomua, Bamba, Roza, Inhamazi, Inhamatarara, Xamambe, Inhalupanda, Dequize, Matundo, Mitaxe, Inhampende, Catipe, Matinte, Inhaufa, Fundo, Caromba, Zongura, Maruca, Mitondo, Xunde, Xingoza, Quebra Bassa, Tipué, Inyamerico, Chicorongo, etc.

1788

Le 20 Janvier Frei *José do Patrocinio Telles* déclare nulles les secondes noces du Chirurgien *Francisco de Sousa Macedo*.

Le 25 mars, le P. Frei *Luiz de Sousa Donato* agit comme délégué du père vicaire Telles pour le baptême de Francisco Cardozo, dont le parrain fut Agostinho de Mello, gouverneur de Tète.

Le 23 juillet, le P. Frei Telles écrit au maître d'école José Francisco d'Oliveira pour lui remettre l'abrégé du Catéchisme envoyé de Mozambique, lui recommandant d'employer tout son zèle à l'enseigner aux enfants de son école, et de le leur traduire, si besoin est, en langue du pays.

Le 22 décembre, le P. Frei Telles administre le baptême dans l'église du S.¹ Esprit de cette ville, capitale de Tète. C'était l'ancienne église des Pères de la Compagnie de Jésus !

Nous trouvons quelques détails intéressants dans le livre de Comptes du Couvent S.¹ Jacques le Majeur. Le livre de dépenses s'ouvre par cette déclaration : « Je dépensai 12 fils pour le passage de Tipué à un cafre qui alla recouvrer le tribut pour aller et retour, parce que cette année-là l'Aroenha était comble d'eau. »

Un trait principalement mérite l'attention, car il confirme la tradition locale à savoir : que ce sont les anciens missionnaires qui firent en grande partie les riches pépinières et les belles plantations de manguiers qui sont maintenant la richesse du pays.

« Je dépensai, dit le P. Telles, au même chefe du Tipué, une pièce de samater pour semer des manguiers dans cette terre et l'obligeant avec cette étoffe à faire cette pépinière dans cette terre qu'il ne voulut jamais faire du temps des autres pères ; «dispendi, item ao mesmo regulo de Tipué, huma peça de samater para semear mangueiras n'aquella terra, e obrigando-o com este fatto a fazer esta sementeira que elle nunca quiz fazer no tempo dos outros padres. »

Et aussitot après, il ajout : item, pour le passage de l'Aroenha à un cafre qui alla au prazo de Tipué avec des noyaux de mangues pour y être semés, 12 fils.»

Dans l'occasion les Pères prêtaient, leurs humbles services aux gouverneurs et employés du district, comme cela arriva lorsque Agostinho de Mello venait à Tète prendre possession de son emploi : « Item, dit le Père,

12 fils pour le même passage à un cafre qui fut avertir le Chef de Tipué pour fournir les vivres nécessaires aux personnes de la suite du nouveau gouverneur quand il vint prendre possession de son emploi. » La même chose se renouvèle lors du voyage du gouverneur pour Sena.

Cette même année un chef de Massangano fit la guerre aux pacifiques habitants du Tipué. Il les expulsa de vive force, et déposséda de sa charge le roitelet Inhangozo, qui avait été établi là du consentement des Pères vicaires. Par suite de ce contretemps les Pères eurent beaucoup à dépenser, car il fallut acheter plusieurs barriques de poudre pour la guerre, nourrir les colons du prazo qui s'étaient réfugiés auprès de leurs maîtres, sans que l'on retirât aucune ressource du Tipué; leur fournir le vêtement nécessaire quand ils rentrèrent dans leurs terres.

Ensuite les dépenses roulent sur les réparations qui furent faites à la maison conventuelle, où une multitude de nègres, maçons et charpentiers furent employés pendant plus de quatre mois à charrier les pierres, le bois, la paille et la terre dont on avait besoin.

Le Père indique également tout ce qui fut dépensé en remèdes, médicaments et traitement de nègres infirmes et malades. C'est une longue énumération de bons services que les Pères assurément n'avaient pas l'intention de voir se révéler au grand jour, mais qui prouvent que les anciens missionnaires savaient être à la fois médecins des âmes et des corps !

Pour le cens et dimes des terres du couvent, la dépense s'éleva à 11 maticals, 3 tangas $^3/_4$. L'achat de 92 houes et de quelques fers pour les portes et fenêtres du couvent et de l'église porta la dépense à 46 pièces d'étoffes de manière, dit le père, que chaque houe s'élève à une demie pièce. Le fer de cette terre, ajoute-t-il, a beaucoup de déchez comme il est notoire à tous, «o ferro d'esta terra tem muita quebra como hé notorio a todos.»

1789

P. Frei *José do Patrocinio Telles*. Au Luabo, 6 octobre, R. P. Frei *José do Bom Jesus* religieux mineur réformé de la Province de la mère de Dieu de Goa.

Des dépenses furent occasionnées par suite de l'entrée en service de nouveaux employés que le père institua. D'abord, il fallut remplacer les deux principaux sacristains qui avaient pris la fuite et donner aux nouveaux de quoi se vêtir; puis le *Badzo* et le *Macota* de la maison (intendants) furent changés et le père dépensa à cette occasion 13 pièces soit en vêtement, soit en pombé ou cantines de nipa qui furent distribuées comme don de joyeux événement.

Un petit achât de deux panjas de blé est également noté devant être semé dans la terre du Tipué.

Enfin après une longue énumération de personnes qui ont reçu des vêtements, des remèdes et des vivres, le P. Telles termine son livre de compte par ce trait: «Je dépensai dans le courant de ces trois annés 12 pièces en verroteries comme aumône que l'on a coutûme de donner annuellement à tous les pauvres aveugles qui viennent dire la doctrine chrétienne à cette maison trois fois chaque année.»

1790

Le 15 mai, le P. Frei *Estanislau de S. Domingos Torres*, religieux de l'ordre des F. Fr. Prêcheurs paraît sur un document avec le titre de «Coadjuteur» du père vicaire.

Le 1.er juillet, le P. Frei *Telles* signe pour la dernière fois le livre de comptes et le même jour, le P. Frei *Estanislau de S. Domingos Torres*, entrait en fonction.

1791

En l'année 1791, il y avait à Tète le P. Frei *Estanislau de S. Domingos Torres*, «vigario forraneo e parocho»; âgé de 39 ans; P. Frei *Felix de Santo Antonio e
Sylveira*, coadjuteur et chapelain de Zimbaoé, âgé de 29 ans;
le R. P. *Luiz de Souza*, chapelain de l'église du S. Esprit;
le Frei *Caetano* oblat des observantins.

Les maisons comprises à l'intérieur de la ville, j'en-
tends maisons de chefs de famille, s'élevaient au nombre
de 34 et quelques-unes possédaient plus de 50 ou 60
esclaves chrétiens; 8 maisons considérables hors les murs,
à l'Est; 7 au Sud; une maison, la terre Fumbe de S. Dominique et l'*intemba* de D. Francisca de Moura au cou-
chant; 10 officiers et 40 soldats chrétiens occupaient le
Fort S. Jacques; 7 officiers et 20 soldats, à Zimbaoé.
Outre les terres déjà connues qui envoyaient leurs chrétiens à Tète durant le carème nous trouvons désignées
les terres suivantes : Chipassi, Panzu, Machinga, Namu-
ripessa, Morongoza, Sungo, Mitacha et Maxinga.

Le 8 décembre, la maison conventuelle passait aux
mains d'un nouveau père vicaire le R. P. Frei *Vicente
de Jesus Maria*, religieux de l'O. de S. Dominique, « Je
commençai, dit-il, à gouverner cette maison le 8 décembre 1791 jusqu'au mois d'avril 1794 où j'achevai la sus-
mencionnée présidence. »

1792

Le 23 janvier, Frei *Felix de Santo Antonio e Sylveira*
«vigario da vara» de la ville de Tète et de ses districts;
Frei *Vicente de Jesus Maria*, «vigario parroquial.»

26 juin, Document justificatif ayant rapport au Père
Frei *José de Mascarenhas* vicaire de l'église paroissiale de
N. D. des Remèdes de la ville de Zumbo. Le vicaire de

Zumbo vivait en bonne intelligence avec *Caetano Manoel Corrêa* commandant de la dite place, mais à la disparition mystérieuse de quatre esclaves chrétiens de celui-ci, l'union des cœurs se rompit, et le commandant se laissa aller à toutes sortes de mauvais procédés contre le Père, jusqu'à l'insulter publiquement à l'entrée ou à la sortie de l'église; à envoyer des gens couper les cordes des cloches de l'église et à autoriser par son silence les nègres de sa maison à commettre toutes sortes de larcins au presbytère. Le Père Mascarenhas fit appel au tribunal de Tète. Les quatre témoins appelés à dire la vérité prouvèrent unanimement l'innocence et la parfaite conduite du vicaire de Zumbo auquel enfin justice fut rendue.

1793

Pères vicaires, Frei *Felix de Santo Antonio e Sylveira* et Frei *Vicente de Jesus Maria*.

Le 6 juillet fut envoyé du palais S.¹ Antoine de Moçambique à Tète, un document detaillé et très-important contenant la relation des papiers et édits se rapportant à la mission de Tète. Le 1.ᵉʳ § indique quels étaient à cette époque les principaux postes qu'occupaient les religieux de S. Dominique: «Pour accomplir les ordres de V. R. je certifie, moi João Nepomuceno Velozo écrivain de cette chambre épiscopale soussigné, que parcourant les livres et papiers de la même chambre, je trouvai que les religieux du Saint Ordre des Prêcheurs ont toujours occupé, par nomination de leur prélat respectif ou de son commissaire, sans contexte ni interruption, excepté quand par défaut de pères ils étaient remplacés par un prêtre séculier, les emplois de vicaires des paroisses des églises de Quirimba, Amiza, Soffala, Macambura, Manica, Tète et Zumbo, et de coadjuteur de Tète et de chapelain de Zimbaoé...»

En cette même année, une lettre pastorale de l'Evêque de Moçambique, Frei Amaro José de S. Thomas, règle les honneurs à rendre aux gouverneurs et autres dignitaires dans l'église les jours de fête. Il réprime certains abus qui tendaient à s'introduire par la trop grande condescendance de quelques pères sur le point de discipline ecclesiastique.

Le 27 novembre une nouvelle lettre rappelle l'obligation de célébrer la messe paroissiale à une heure convenable et régulière afin que tout le monde aie la facilité d'assister à l'office divin.

1794

Le 15 mai, Frei *Vicente de Jesus Maria* résigne ses fonctions de curé entre les mains de Frei *Joaquim do Espirito Santo Alvarez*, qui prend la direction de la paroisse, ainsi que le prouvent les lignes suivantes venues de Moçambique : « Votre paternité, lui écrit l'évêque de Pentacomia, nous à informé, par sa lettre du 7 juillet, qu'il a pris possession de son église le 15 mai.»

Outre les deux pères ci dessus nommés, il y avait encore à Tête un prêtre séculier du nom de Père *José Joaquim Xavier*, chapelain de l'église du S. Esprit.

On aime a enregistrer les lettres et ordonnances de Frei Amaro José de S. Thomas, évêque de Pentecomia, et prélat de Moçambique, parce qu'on y voit briller une science eminente, une zèle tout apostolique, et une charité vraiment paternelle, se faisant tout à tous pour les gagner tous à Jésus-Crist.

1795 - 1796

Père Frei *Joaquim do Espirito Santo Alvarez*, curé de Tête.

En 1796, la chrétienté de Tête eut à souffrir de la guerre. Voici le contenu du livre de récettes de l'année de 1796. Le P. Joaquim do Espirito Santo Alvarez écrit:

« Je reçus du Tipué en denrées cinquante. . . (panjas) qui se dépensent pour les esclaves. Je reçus de ma visite vingt machiles (pièces d'étoffes dont on faisait des litières) de la valeur de 10 maticals et ne reçus pas devantage con-seulement à cause de la famine, mais aussi des guerres qui eurent lieu entre Massangano et le dit Tipué qui dévasta entièrement cette terre ; c'est pour quoi par l'intervention du gouverneur, à mes frais, il fut nécessaire de subjuguer Machovere ; de manière que pour couvrir les dépenses, il fut nécessaire demander l'aumône aux habitants comme cela est connu de tous. Je reçus du *Bar* seulement 12 maticals pour cause de la grande disette qui régnait dans le pays. »

1797

Le compte rendu du temps pascal donne les résultats suivants : Ecclésiastiques, Frei Joaquim do Espirito Santo Alvarez, curé, 36 ans ; Frei Joaquim de Jesus Maria, chapelain de S. Paul, 34 ans ; Père *Joaquim Xavier*, 38 ans ; Fr. *Caetano*, oblat des observantins, 66 ans. — gouverneur João de S.ª e Britto, 47 ans ; — 11 officiers et 18 soldats à Tète ; 20 à Zimbaoé, accomplirent leurs devoirs religieux à la fête de Pâques.

1798

Le 1.ᵉʳ août le Père Frei *Antonio de S. João Nepomuceno Lisboa*, succède au P. Frei Joaquim do Espirito Santo, dans l'administration de la paroisse et de la maison conventuelle de Tète. — Le Père Frei *Vicente de S. José Banino e Silv.ª* également du S.ᵗ ordre des Prècheurs, était commissaire du même ordre dans ces contrées.

1799

Le 30 juin, l'évêque de Moçambique Frei *Amaro* écrit au P. Frei *Antonio de S. João Nepomuceno Lisboa* recommandant de faire les réparations nécessaires de la maison conventuelle. Ensuite il en vient au spirituel, déplorant le manque général d'éducation des enfants et des serviteurs... enfin, il ajoute, que les Pasteurs accomplissent leurs devoirs *opportune, importune*, pour ne pas être responsables devant le suprême et véritable Pasteur de nos âmes...

1800

Frei *Vicente de S. José Banino* « vigario parroquial » et Frei *Antonio de S. João Nepomuceno Lisboa* «vigario da vara.»

Le 20 octobre, Frei *Amaro de S. José* évêque de Pentecomia, prélat de Moçambique, publie une lettre pastorale par l'aquelle il annonce sa visite à toutes les églises de son diocèse, excitant les brebis et les pasteurs à se préparer à le recevoir comme leur Père et Pasteur qui désire leur montrer suavement le chemin du ciel. — Il invite les parents à envoyer leurs enfants et les autres chrétiens confiés à leurs soins ainsi que ceux qui auraient atteints l'âge de sept ans. L'exorde de cette lettre dont je ne donne que le résumé est tout à fait solemnel. Il y avait 20 années que Frei D. Amaro de Pentecomia était prélat de Moçambique et de la côte de l'Afrique orientale.

1801

Rapport du temps pascal — Ecclesiastiques Frei *Vicente de S. José Banino* « vigario » 37 ans ; Frei *Antonio de S. João Nepomuceno Lisboa*, 49 ans ; — Frei *José de N. S.ª das Dores*, 34 ans, soldats de Tête, officiers 7 ; inférieurs 29 ; — à Zimbaoé, officiers, 7, autres 15.

Le 2 juin, lettre de *D. Amaro*, datée de Sena, instituant curé du fort extérieur *vigario da vara*, le P. Frei *Vicente de S. José Banino e Silv.ª*

C'est probablement le dernier document laissé par le

saint Evêque ; car un mois et demi plus tard il rendait sa belle âme à Dieu, à Tète, et recevait la sépulture ecclésiastique au pied du maitre autel de l'église de S. Jacques le majeur.

Frei *Amaro de S. Thomaz* appartenait, comme je l'ai déjá dit, à l'ordre des FF. Prêcheurs de la Congrégation de l'Inde. Par nomination de l'archevêque métropolitain de Goa, il prit possession du goùvernement de la Prélature en 1771 ; deux ans plus tard, en 1783 nommé et confirmé évêque, de *Pentecomia* in p. inf. avec le titre d'évêque et prélat de Moçambique, il fut sacré à Goa, le 23 octobre 1785. Ce fut durant sa visite pastorale, aux rives du Zambèze, qu'il mourut à Tète, victime de son dévouement, le 18 de juillet 1801.

1802

Frei *Vicente de S. José Banino e Silveira* « vigario parroquial e da vara. »

13 octobre 1802 — Lisbonne — Lettres royales de D. João VI, (o Clemente), par la grace de Dieu, prince régent de Portugal et des Algarves, notifiant au prélat de Mozambique de nommer Frei *José Alexandre das Dóres*, religieux de S. Dominique de la Congrégation de l'Inde, qui lui-même en fait la demande pour 12 années à l'église oú il sérait promu ; parceque les changements continuels de poste donnaient occasion à de grandes dépenses que ne pouvait supporter la pauvreté religieuse et ne laissaient pas le temps de connaître ses ouailles. Le Roi acquiesce à sa demande de le laisser dans la paroisse oú il sera promu durant 12 années consecutives, autant qu'il n'y aura aucune faute pour que canoniquement on doive l'en retirer.

1803

Rapport du temps pascal. Ecclésiastiques désignés :

Frei *Vicente de S. José Banino*, vigario forraneo e parroquial. — Frei *José Alexandre das Dóres*, chapelain de S. Paul; — La garnison fournit 7 officiers et 43 soldats chrétiens; — Zimbaoé, 19. Le nombre total des fidèles était 819.

Le 16 avril, promotion de Frei *José Alexandre das Dóres*, de l'Ordre des F.F. Prêcheurs par l'Ill.^{me} e R.^{me} Frei *José Nicolau de Jesus Maria*, de l'Ordre des Prêcheurs, administrateur épiscopal et administrateur ecclésiastique.

Le Père Frei José Alexandre das Dores, avait été ordonné à Lisbonne, le 28 avril 1793, le 4e D. après Pâques dans la chapelle privée de l'Ex.^{me} e Rev.^{me} D. *Bartholomeu*, episc. titularis Mariannensis, par autorisation de l'Eminentissime Cardinal Patriarche de Lisbonne D. José II.

Le 22 avril, il est fait mention du Père Frei *Rodriguez* comme desservant la paroisse de Zumbo.

Le 21 juin, le même administrateur épiscopal de Moçambique, Frei *Nicolau de Jesus Maria*, écrivait:

« Il est de nôtre devoir de créer Frei *Francisco de S. João Bautista*, religieux de l'O. des F.F. Prêcheurs, notre vicaire général dans les terres de Sena, Port de Quilimane, Luabo, Manica, Tète et Zumbo, et toute autres églises paróissiales de ces mêmes contrées avec pleins pouvoirs et autorité entière, etc... »

Le 29 juin, mourut avec tous les sacrements et testament solemnel dans cette ville *Joaquim José d'Oliveira*, capitaine d'infanterie, marié; il fut enterré dans l'église du St Esprit de cette ville.

Le 25 juillet, Frei *José Alexandre das Dores*, était enfin installé comme curé de Tète. Il écrit dans le livre de comptes: « Le 25 juillet 1803, je pris possession de cette maison conventuelle. Jusqu'au 1er janvier 1804, je dépensai 199 maticals pour le vêtement des esclaves, pour recouvrir l'église avec les matériaux nécessaires, pour la réparation des lampes, des chaudeliers et ornements, pour médicaments à moi et aux gens de service, paie-

ment d'employés étrangers et autres menus objets (miu-
dezas), dont la narration est fastidieuse, qui furent indispensables pour la décence de l'église, du curé et de
la religion; pour le rachat de 21 personnes en fuite depuis 4 mois, et comme recette, rien, « *e receita nada.* »

1804

Relation des Confessions et Communions, au Temps
pascal. — Ecclésiastiques résidant à Tète: Frei *José Alexandre das Dores*, « *vigario forraneo e parroquial* » P. Salvador *Manuel Rangel*, chapelain de S. Paul. — Frei *Antonio de S. João Nepomuceno Lisboa*, vicaire de Zumbo.
Le Père vicaire dit que « les chrétiens constant de cette
relation, sont 835 qui se présentérent durant le Carême,
et il ajoute que le nombre certain des fidéles que posséde
cette paroisse ne peut se savoir, a cause de tous ceux qui
sont dispersés par les terres et les bois, loin de l'église,
quelques uns à deux ou trois journées de chemin.»

« Du 1er janvier 1804 ou 1er janvier 1805, dit le Père
Alexandre das Dores, la dépense que je fis pour moi et
mon coadjuteur, pour les esclaves, les maisons, l'église et
les fermes s'éleva à 439 maticals... »

1805

Relation du temps pascal. Ecclésiastiques inscrits: Fr.
José Alexandre das Dores « vigario forraneo e parroquial.»
— Frei *Francisco de S. Antonio Carvalhal e Sousa* coadjuteur et chapelain du «presidio»—Frey *Antonio de S. João
Nepomuceno Lisboa* « vigario » de Zumbo. Le R. P. *Salvador Manuel Rangel*, chapelain de l'église du S.t Esprit;—
9 officiers et 36 soldats appartenant à la garnison de
Tète;—20 à celle de Zimbaoé, et 31 à celle de S. Martial de Senna, en ce temps en détachement à cette ville.

Le 8 octobre, le P. *Salvador Rangel*, clerc régulier

de l'habit de S. Pierre, fut nommé vicaire d'office «vigario encommendado», pendant l'absence du Père vicaire titulaire autorisé à se rendre à Quelimane pour trois mois.

1806

Le 10 décembre, lettre de promotion de Frei *Francisco de Santo Antonio do Carvalhal e Souza*, religieux de l'Ordre des F. F. Prêcheurs, à la cure de Tète.

Voici les considérants de la lettre du vicaire général de la congrégation des Indes de S. Dominique, Frei Joaquim Manuel de S. Anna: «Par les pouvoirs que je tiens du prince Notre Seigneur comme gouverneur et perpétuel administrateur et maître de la chevalerie et Ordre de N. S. J. C. pour présenter à la vicairée, «vigararia» de l'église de S. Jacques le Majeur de la ville de Tète, qui est du dit Ordre et dont le Seigneur roi D. Sébastien, de glorieuse mémoire, fit donation à notre religion pour la posséder comme conventuelle et parroisiale, et confiant en le valeur et mérite du R. P. Francisco de S. Antonio Carvalhal e Sousa, religieux de notre ordre, notre sujet... nous le présentons et nommons à la dite cure pour l'espace de deux années...»

1807

Le 11 mai, le P. *Salvador de S. Antonio Rangel* vicaire officiel est promu au titre de «vigario forraneo e da vara» par le Père Frei Nicolau de Jesus Maria administrateur épiscopal de Moçambique.

Le 12 septembre, les lettres de promotion du Père Frei Francisco de S. Antonio Carvalhal e Sousa à la vicairie de Tète eurent leur effet; car le Père de Carvalhal ce jour-là entra en possession du couvent. Les lettres disent qu'il fut promu aux fonctions de «vigario parroquial», à cause l'absence indéfiniment prolongée du Père Frei José Alexandre das Dores.»

Le 27 septembre, le Père Frei José Antonio da Conceição, de l'ordre de S. Dominique, est nommé par lettres du prélat de Moçambique au titre de «vigario da vara.»

1808

Le 26 janvier, apparaissent les PP. *Salvador Rangel* et Frei *Francisco de Carvalhal*, exerçant le premier l'office de «vigario da vara» et le second l'office de «vigario parroquial»; mais le 26 avril, les droits, de «vigario da vara» étaient déjà dévolus à Frei *José Antonio da Conceição*, nommé le 27 septembre de l'année précédente.

Le 18 mars, D. Vasco José da Boa Morte Lobo, du conseil de son altesse royale, par la grâce de Dieu et du S.ᵗ Siège apostolique, évêque d'Olba et prélat de Moçambique, indique les régles à suivre dans les honneurs religieux que l'on doit rendre au gouverneurs, capitaines et officiers majeurs; réprimant divers abus qui avaient fini par s'introduire peu à peu dans les églises.

Le 26 avril le Père Frei José Antonio da Conceição est investi de la dignité de «vigario da vara.»

Le 11 septembre, le Père Frei *José Alexandre das Dores* avait repris la direction de son ancienne église, et le 8 octobre par une lettre de D. Vasco José Lobo, évêque d'Olba et prélat de Moçambique, le P. Frei José Alexandre das Dores était institué «vigario forraneo ou da vara» de la ville de Tète et district.

Enfin le 9 septembre le P. Frei Francisco de S. Antonio Carvalhal e Sousa «vigario parroquial e conventual» faisait arrêté de comptes de la manière suivante:

«Le 12 septembre 1807, je pris possession de cette maison et Eglise, et jusqu'au 9 septembre 1808, je dépensai pour mon entretien et celui des esclaves de cette maison, achetant le millet quatre *panjas* le matical chez

Francisco Xavier de Miranda pour empêcher les esclaves de mourir de faim, comme beaucoup moururent dans cette ville, comme aussi pour vêtement, remèdes et dépenses journalières et toutes autres choses nécessaires à l'établissement d'une maison religieuse, tout s'élève à 117 maticals et 6 tangas. Cette somme tirée des 123 maticals du livre de recettes, il rest en caisse 7 maticals et 6 tangas. En foi de quoi je fis cet acte que je signe. Tète, 9 septembre 1808. Fr. Francisco de S. Antonio de Carvalhal e Sousa. »

1809

Les noms des PP. qui surgissent pour cette année sont : Frei José Alexandre das Dores à Tète ; — Frei José de Santo Antonio de Padua, de l'Ordre des Frères prêcheurs, actuellement vicaire de Zumbo ; — lequel desservait auparavant l'église de N. D. du Rosaire à Manica.

1810

Les PP. désignés dans le rapport annuel sont les suivants : Frei José Alexandre das Dores, « vigario ; » — Frei José de Santo Antonio de Padua — Frei *Agostinho*… sont mentionnés 34 soldats chrétiens à Tète ; 21 à Zimbaoé ; et l'on compte 647 fidèles qui ont accompli le devoir pascal.

De nouveau à Moçambique, le Père Frei *José Nicolau de Jesus Maria* était administrateur épiscopal.

Voici la lettre adressée au Père vicaire de Tète au sujet de la promotion de Frei *Agostinho da Conceição :* « Révérend S.ʳ Père, vicaire de la paroisse, pour coadjuteur de cette église de S. Jacques le Majeur va promu le R. P. Frei Agostinho da Conceição, religieux mineur réformé de la Province de la mère de Dieu de Goa. Votre révérence lui donnera le pouvoir nécessaire et usera à son égard de toute charité parce qu'il se montre digne par ses vertus de toute estime. Il va également promu par la *Junta* de la royale *Faʒenda* comme chapelain de l'église du S.ᵗ Esprit. Telle a été la conduite de cet excellent religieux « bello religioso » que tous ont rivalisé à lui faire tout le bien possible. C'est assez. Que Dieu garde votre Révérence longues années. Couvent de S. Dominique, 24 juillet 1810. »

Le 20 octobre, le P. Frei *Agostinho da Conceição* signe un document avec les titres de Coadjuteur de l'église du S.ᵗ Esprit et de Chapelain de Zimbaoé.

1811

Frei *José Alexandre das Dores* « vigario ; » Frei Agostinho da Conceição, coadjuteur et vicaire par interim de l'église de S.ᵗ Jacques le Majeur.

1812-1813

On ne voit figurer d'autre Père que Frei *Agostinho da Conceição*, qui dans les divers documents qui sont restés de cette année-là prend les titres de « vigario encommendado ; » de « vigario interino, » de « Juiz dos Cazamentos. »

1814

Le 15 juin, dernier acte où se trouve rappelé le nom de Frei Agostinho da Conceição.

Le 31 octobre, promotion du P. Frei Antonio de Teixoso e Oliveira, religieux mineur réformé de la Province de Soledade du royaume de Portugal, coadjuteur « vigario forraneo da vara e parroquial » par le P. Frei José Nicolau de Jésus Maria de l'Ordre des Prêcheurs, gouverneur de la Prélature de Moçambique.

1815

Père Frei Antonio de Teixoso e Oliveira à Tète, et Frei Domingos José Maria, commissaire général des réligieux Prêcheurs de cette mission de l'Afrique Orientale, à Senna. On peut conjecturer que le 25 mars de cette année-là, fut incendiée par accident la Chapelle de Marangué ancienne propriété des Jésuites, comme cela se voit par un écrit dirigé au gouverneur général et signé de João Caetano de Andrade e Soccorro — 10 Avril.

1816

Le 15 Janvier, Frei Antonio de Teixozo e Oliveira, « vigario forraneo e parroquial.»

Le 7 mai, enregistrement de promotion de « vigario da vara » de l'église et district de Tète, passée au R. P. Agostinho da Conceição, religieux mineur réformé de la Province de la Mère de Dieu de Goa; lequel emploi de « vigario forraneo e da vara » de l'église et district de Tète, va devenir vacant par la retraite du Père Frei Antonio de Teixozo e Oliveira.

Le prémier pasteur de la mission, à Moçambique, était D. Frei Joaquim de N. S.ᵃ da Nazareth, évêque élu et prélat de Moçambique.

Le 9 novembre, promotion pour trois ans de coadjuteur de l'Église de S. Jacques le Majeur de Tète et de chapelain de Zimbaoé, passée ao R. P. José Vicente Couto, prêtre séculier de l'archevêché de Goa, par l'évêque élu de Moçambique.

1817

Pas de documents qui méritent d'être cités.
Père José Vicente Couto, coadjuteur de l'église de Tète.
Le 22 novembre, le P. Frei Antonio de Teixozo e

Oliveira laisse le reçu des messes qu'il a acquittées pour les membres défunts de la Confrérie.

1818

Le 5 juin, une lettre de Frei José Nicolau de Jésus Maria nomme le Père Frei Agostinho da Conceição qui « va maintenant promu vicaire de la paroisse de Zumbo. »

1819

Frei Agostinho da Conceição « vig.º da vara e parrochial » de Tète.

Le 8 juin, le Père Frei José Nicolau de Jésus Maria, agit encore comme administrateur épiscopal; mais quelques mois plus tard, 26 octobre, le Père Frei D. Bartholomeu dos Martyres, de l'Ordre de N. D. du Mont-Carmel, signe les actes de juridiction ecclésiastique avec le titre d'évêque de S. Thomé et de prélat de Moçambique.

Le même jour, le père José Vicente Couto fut promu aux fonctions de « vigario da vara. »

1820

Le 10 mars, nous retrouvons pour la dernière fois le nom de Frei Agostinho da Conceição.

Le 27 octobre, nous saluons le nouveau curé de Tète Père Frei *Antonio Nunes da Graça*, du S.ᵗ Ordre des Prêcheurs, vicaire général des rîves de Senna et de la paroisse de S. Jacques le Majeur de la ville de Tète.

De tous les missionnaires de l'Ordre de S. Dominique qui ont administré la paroisse de Tète, Frei *Antonio Nunes da Graça* est celui qui a le plus long temps combattu sur cette terre infidèle. Son apostolat dura plus de 17 années.

1821-1822-1823

Père Frei *Antonio Nunes da Graça* «vig.º forraneo e parrochial.»

1824

D. Frei Bartholomeu dos Martyres prescrit de chanter un *Te-Deum* d'actions de grâces pour l'abolition de la Constitution illégale qui régissait le Portugal et l'acclamation du roi Jean VI.

1825-1826-1827

Le P. Frei Antonio Nunes da Graça signe divers actes de juridiction ecclesiastique avec les titres de «commissario» des Religieux Prêcheurs, «vigario geral» etc.

1828

Le 6 avril, Frei D. Bartholomeu dos Martyres, écrit au Père Frei Antonio da Graça: «... Je n'ai pas eu lieu de pouvoir vous envoyer un successeur, et je ne sais quand je pourrai vous servir...»

Peu de temps après, eut lieu la mort de Frey Dom Bartholomeu des Martyres. Il avait été sacré à Rio de Janeiro par l'évêque chapelain-mór, le 28 octobre 1816; transféré au siége de Moçambique le 10 novembre 1818; il entra en charge le 26 septembre 1819. Son corps repose dans l'église cathédrale de Moçambique.

Le Père José Agostinho Barretto, prêtre séculier, par nomination faite par le capitaine général administra la prélature à partir de la mort de l'Evêque de S. Thomé jusqu'au mois de février de l'année 1830.

1829-1830

Curé de Tète, Père Frei Antonio Nunes da Graça, à Moçambique, Frey Antonio José Vaz de Maia, de l'Ordre des Frères Prêcheurs de la Congrégation de Goa, maître en théologie, ex-vicaire géneral de son Ordré dans les Indes, gouverna la prélature par nomination de l'archevêque, métropolitain de Goa, a partir du 3 févriér 1830 entra en charge le 21 du même mois; nommé prélat et vicaire épiscopal par décret du 17 mai 1843. Il mourut le 16 mars 1846 et reçut sépulture ecclésiasitque dans le Cimetière de N. D. da Saude.

1831

Père Frei *Antonio Nunes da Graça* est curé titulaire de la ville de Tète.

1832

Père Frei Antonio Nunes da Graça, curé.

Commandant militaire de Tète, José Pedro Xavier da Silva Botelho, Colonel des milices. Il prit possession de son poste, le 2 août de cette année. Un mois plus tard le capitaine Antonio José Lamego Cabral, 8 septembre, lui succédait dans la charge de commandant militaire.

1833

Curé, Frei Antonio Nunes da Graça.

Commandants militaires, le major José Manuel Correia Monteiro, 6 janvier; capitaine Antonio José Lamego Cabral, 14 janvier; le major José Manoel Correia Monteiro, 3 février.

1834

Curé, Frey Antonio Nunes da Graça.

Commandants militaires, le capitaine José Ferreira Felgueiras Guimarães, 21 janvier; le major, José Manoel Correia Monteiro, 10 octobre.

1835

Curé Antonio Nunes da Graça.

Commandants militaires, le major José Manoel Correia Monteiro, le colonel des milices, José da Costa Cardoso. 24 juillet.

1836

Le Curé Frei Antonio Nunes da Graça adresse um appel pressant à tous les fidéles « de venir en aide pour célébrer dignement les fêtes de la semaine Sainte parceque la Confrérie se trouve en décadence et par manque de Confrères ne peut elle-même faire face aux dépenses ordinaires, principalement cette année que nous avous au milieu de nous le Très Illustre Seigneur Gouverneur de ces Capitanies. »

Le 3o août, copie de la lettre que le P. Frei Antonio da Graça adressa au commandant de cette ville José Manuel Correia Monteiro sur les réparations urgentes de la chapelle de Marangué.

1837

La lettre ci dessus demeura sans réponse et sans effet. Du moins l'absence de documents et la nouvelle pétition du père vicaire le laissent supposer. Le 15 avril 1837, Frei Antonio Nunes da Graça n'ayant pu obtenir des autorités de Tète les réparations voulues pour l'église de Marangué s'adressa aux autorités supérieures de Moçambique au Sr. Isidoro Manuel Carrazedo, chevalier de l'Ordre du Christ, lieutenant-colonel, admis à l'Etat-major de l'armée portugaise et gouverneur de ces capitanies des rives de Sena et Quilimane.

Cette lettre si pressante devait rester sans écho, et tout porte à croire qu'à partir de ce moment la chapelle de Marangué fut livré à l'abandon et à l'oubli.

Le 30 août, le même Père fait part au gouverneur général de l'église de Tète et de la nécessité impérieuse de la couvrir avant l'hiver. C'était un des derniers actes du P. Antonio Nunes da Graça, Dieu allait bientôt recevoir dans son Eglise triomphante du Ciel celui qui s'occupait avec tant de zèle à restaurer son église de la terre. En effet, quelques temps après, probablement dans le mois d'octobre, le bon Père échangea la terre d'exil pour la patrie céleste, et il fut le dernier représentant de cette nombreuse et vaillante troupe d'apôtres et religieux qui durant le cours de plus de trois siècles se succédèrent sur cette terre du Zambèze semblables au flot qui pousse le flot, portant partout la fécondité et la vie, et allant se perdre les uns à la suite des autres dans l'abîme de l'oubli et de la mort.

Mais qu'importe que leurs noms se soient effacés de la mémoire des hommes? l'apôtre pour prix de ses humbles efforts et de la bonne volonté n'a pas de gloire plus pure à ambitionner que d'avoir son nom écrit dans le livre de vie, selon la parole du divin maître : « réjouissez-vous, parceque vos noms sont écrits dons les cieux ; gaudete autem quod nomina vestra scripta sunt in cœlis. » Luc. X. 20.

Après la mort du Père Antonio Nunes da Graça la paroisse de Tète demeura 12 années sans pasteur, du moins aucun écrit, ni document ne constate le séjour, ni même le passage d'un seul prêtre durant ce long espace de temps. Ce triste état de choses ne contribua pas peu à la perte de la foi et des bonnes mœurs dans le district de Tète. On peut dire que la destruction des anciennes missions a été un coup mortel porté à la civilisation et à la religion des nègres du Zambèze !

1840

Commandant militaire de Tète, le colonel des milices, Gualdino José Nunes, 2 octobre de la dite année.

1843

Commandant militaire, le capitaine João de Sousa Nunes d'Andrade, 4 mars prise de possession.

1845

Commandant militaire Tito Augusto d'Araujo Sicard, capitaine. Il entra en charge le 25 avril.

1846

A Moçambique, le Père José Lourenço Vaz, prieur de la Cathédrale, en vertu de la nomination faite par le gouverneur général, administra la prélature dés le 18 mars; entra en fonctions le 4 avril de la même année et gouverna jusqu'au 3 novembre 1855, époque oú il fut exonéré.

Le Père Izidoro Caetano do Rozario e Noronha fut nommé prélat de Moçambique par décret du 3 août 1846, mais il ne parvint point a prendre possession de son siégé. Il fut exonéré par décret du 6 juillet 1856.

1848

Commandant militaire de Tète, le capitaine João de Sousa Nunes d'Andrade — Prise de possession, le 20 mars 1848.

1849

Le 9 mai, promotion à l'église de N. D. des Rémèdes à la Cabeceira, promotion faite par le P. José Lourenço Vaz, administrateur ecclèsiastique, ex-gouverneur episcopal de cette prélature et côte orientale portugaise.

Le 14 octobre, un incendie horrible dévora le presbytére du père Pedro Antonio d'Araujo et dans cette catastrophe, tous les documents, papiers, registres, e lettres, qui se trouvaient à la disposition du curé furent perdus sans retour, et occasionnent une lacune fâcheuse et irréparable dans les archives de cette église.

Voici la déclaration qu'inscrit le Père d'Araujo, en tête du nouveau livre de registres de Baptêmes : « Je soussigné déclare, que dans la nuit du 9 novembre de la courante année (1849) s'incendia ma résidence par la foudre qui tomba sur elle et oú furent brûlés également tous les livres, à savoir des actes de baptêmes, de sépultures et de la fabrique qui se trouvaient en mon pouvoir, et aussi les autres papiers qui m'étaient personnels et ceux des particuliers appartenant à cette église de Tète et pour ce motif je me vis obligé de faire cette déclaration pour qu'en tout temps on sâche la vérité et je commence à relater les actes de baptêmes depuis l'époque où je pris possession de cette église. Tète 14 octobre 1849. Le Père vicaire Pedro Antonio d'Araujo. »

Commandants militaires, le capitaine Marcos Aurelio Rodrigues de Cardenas ; 28 février, prise de possession.

Item, le capitaine Tito Augusto d'Araujo Sicard ; 4 octobre, prise de possession.

1850

Curé, Pedro Antonio d'Araujo.

Commandant militaire, le capitaine Joaquim de

Sant'Anna Pitta; entrée en charge le 9 août de la courante année.

1851

Curé, le même.
Commandant militaire, le capitaine Tito Augusto de Araujo Sicard — prise de possession, 18 août 1851.

1853

Curé, Père d'Araujo.
Commandante militaire, le capitaine Delphim José d'Oliveira; entrée en charge, 24 avril 1853.

1854

Curé, Père d'Araujo, Commandant militaire, le capitaine João de Sousa Nunes d'Andrade; prise de possession le 4 mai 1854. — Item, le lieutenant, José Ermelindo Gomes Barbosa, 1er avril 1854.

1855

Curé, Père Pedro Antonio d'Araujo.
Père Joaquim da Virgem Maria, ex-religieux de l'Ordre éteint des Franciscains de Goa, et vicaire titulaire de Mossuril, en vertu de la nomination faite par le Gouverneur général administre la prélature dés le 3 novembre 1856, époque où il fut exoneré par le même gouverneur général.
Commandant militaire, le capitaine Tito Augusto de Araujo Sicard; entrée en charge 14 octobre 1855.

1856

Curé, Père d'Araujo.

Administrateur de la prélature, Père José Lourenço Vaz ci dessus mentionné. Gouverneur du 25 novembre 1856 au commencement de l'année 1859.

D. João de Sousa Trindade, évêque élu de Malaca, nommé gouverneur épiscopal de la Prélature de Moçambique par décret du 15 octobre 1856. Mais il n'y eut pas de prise de possession.

1857

Curé P. d'Araujo.

Commandant militaire, le capitaine João de Sousa Nunes Cardoso — Entrée en charge, 3 juillet 1857.

1858

Commandant militaire, le capitaine Gregorio Gomes Castellão — Prise de possession, 13 septembre 1858.

Item, le capitaine Tito Augusto d'Araujo Sicard; date de l'entrée en fonctions, 15 octobre 1858.

1859

Administrateur de la prélature, Père Joaquim da Virgem Maria, de l'année 1859 à 1867.

1860

Commandant militaire, le capitaine Venancio Rapozo de Amaral Sarmento — Entrée en charge le 20 février 1860. Gouverneur du district, le major Antonio Tavares d'Almeida — prise de possession, 30 octobre 1860.

1863

Gouverneur, le capitaine Miguel Augusto de Gouveia; entrée en charge, 15 juillet 1863.

1864

Gouverneur, le major Delphim José d'Oliveira, 16 juillet.

1865

Gouverneur, le capitaine Miguel Augusto de Gouveia — entrée en charge, 31 janvier 1865.

✠ Le 9 octobre, mort du Père Pedro Antonio d'Araujo. — La paroisse de Téte se trouve de nouveau sans pasteur durant cinq années consécutives.

1867

Gouverneur, le capitaine José Antunes da Cunha; entrée en charge, 5 août 1867.

1868

Gouverneur de la prélature Père Valentim Constantino Fernandes, nommé supérieur de la mission portugaise de la prélature de Moçambique le 7 décembre 1868 par l'archevêque de Goa D. João Chrysostomo d'Amorim Pessoa; entré en charge le 24 avril 1869 administre jusqu'à la fin de 1873.

Le 1er mai 1868 — Conseil administratif, José Antunes da Cunha; José Maria Gomes Ferraz; Alvaro Nunes Cardoso; Francisco Antonio Generoso; Joaquim Romão de Miranda.

Le 20 mai, 1868. Gouverneur, le capitaine Antonio Maria Travassos Valdez.

Le 25 juillet, le cap. João Antonio Rodriguez.

1869

Gouverneurs, capitaine Manuel Nicolau Pontes de Athaide e Azevedo 1er février 1869. — Cap. Antonio Cardoso dos Santos, 12 oct. 1869. — Cap. José Maria de Queiroz Abranches, 29 nov. 1869.

1870

Père Luiz João Piedade Pinto, prêtre séculier de Goa, venait d'être nommé curé de Tète, et dés les premièrs jours de septembre il commence à exercer le Saint ministère.

1871

Dans le courant de juin, le Père Luiz João Piedade Pinto fut transféré pour une outre paroisse de la province.

Gouverneur, cap. Desiderio Dias Guilhermino, 15 juillet 1871.

1872

Le 24 juin, le Père Theotonio Abranches, prêtre séculier de l'archévêché de Goa est appelé à gouverner cette paroisse.

Gouverneur, le cap. Carlos Pedro Barahonna e Costa; prise de possession, 31 janvier 1872.

1873

Curé de Tète, Père Theotonio Abranches.

Gouverneur de la prélature Père D. José Caetano Gonçalves, nommé le 12 novembre 1873; prise de possession le 13 décembre 1874. En l'absence du prélat légitime furent administrateurs tour à tour les PP. Francisco Antonio Quintão, puis le P. Antonio Philippe Pinto, et de nouveau Père Joaquim Maria Quintão, frère du précédent.

1875

Gouverneur, cap. José Ayres Vieira ; entreé en charge 18 août 1875 — item, le major, Narciso José Mendes Falçato, — 21 décembre 1875.

1876

Curé, Père Theotonio Abranches.

Gouverneur, le cap. José Ayres Vieira, — 27 juillet, 1876.

Dans le mois d'octobre, le prélat de Moçambique, était en tournée pastorale dans la vallée du Zambèze. Le dimanche, 9 oct. il faisait son entrée solemnelle dans l'église de Tète. Le 25 du même mois, il administrait le sacrement de confirmation à 55 personnes.

1877

Curé, Père Abranches.

Gouverneur, le cap. Antonio Maria Barreiros Arrobas —6 mars 1877—item, le cap. José Ayres Vieira — 29 avril 1877.

1878

Le 27 mars, le Père Abranches est sur le point de se retirer. Il vient d'être transféré à la paroisse de Quelimane.

Gouverneur le Capitaine Antonio Maria Barreiros Arrobas — 3 mai 1878.

Le 13 mai le successeur du P. Abranches, Père José Luiz Fernandes, prêtre seculier de l'archevêché de Goa prend possession de cette église.

1879

Curé, José Luiz Fernandes.

Gouverneur le capitaine Matheus da Conceição 1ᵉʳ mai 1879.

1880

Le Père José Luiz Fernandes devait accomplir son sacrifice suprême au poste que la Providence lui avait assigné, selon toutes les probabilités, il mourut dans les derniers jours du mois d'avril.

Son remplaçant, le Père José Maria Coutinho, prêtre séculier, arrivè à Tète dans la première quinzaine du mois de septembre.

Gouverneur, capitaine Francisco Pinto Cardoso Coutinho Junior, prise de possession, 4 novembre 1880.

1881

Le Père Coutinho continue ses fonctions jusqu'au 14 du mois d'août. Les Pères de la Cⁱᵉ de Jésus venaient d'être autorisés par le Sᵗ Siége et le prélat de Moçambique d'exercer le Saint ministére dans les possessions portugaises du Bas-Zambèze.

Le Père Francisco Antunes arrive à Tète le 17 du mois d'août et le 24 du même mois il entre solemnellement en charge.

Gouverneur le major Francisco Antonio Pinheiro Bayão —7 févrièr 1881.

1882

Le 17 août, Père Alberto Moulinard arrive à Tète et meurt de fièvre bilieuse, le 24 novembre suivant.

Le 27 décembre arrivée du Père Victor José Courtois à Tète.

Gouverneur, le major Antonio Maria Barreiros Arrobas
— 6 février 1882 — Item, le major, José Augusto Pimenta
de Miranda — 9 août 1882.

1883

Prélat D. Antonio Thomaz da Silva Leitão e Castro,
transféré a Angola.

Gouverneur, le major Luiz Joaquim Vieira Braga, entreé en charge, le 6 août 1883.

Le 18 avril mort du Père Viérin a Mopeia, et le 19
juillet, mort du Père Joseph Rivière à Tète.

1884

Prélat D. Henrique José Read da Silva entré en
charge 1ᵉʳ janvier 1885.

1886

Gouverneur le major Manuel de Souza Teixeira —
entrée en charge 7 juillet 1886.

Le 3o juillet Père Victor Courtois se rend à Queli-
mane et Père João Hiller lui est donné pour remplaçant.
Père Estevão Czimermann, vicaire du nouveau poste de
S. José en Boroma.

Le 19 oct. le lieutenant colonel Augusto César d'Oliveira Gomes entre en charge de gouverneur de Tète.

1887

Prélat de Moçambique, D. Antonio Dias Ferreira,
prise de possession 11 novembre 1887.

1888

Cette année sera pour les habitants du Zambèze, une
année d'agréable souvenir, tant pour le succés, nous

l'espérons, définit des armes portugaises sur les Bongas de Massangano, que par l'heureux événement de la visite de Son Excellence Augusto de Castilho gouverneur général de Moçambique au district et à la ville de Téte.

Daigne Notre Seigneur maintenir la paix et la prospérité dans le district si longtemps éprouvé de Téte et y faire refleurir, comme autrefois, la religion et la vertu, seuls trésors dignes d'envie et capables de rendre l'homme heureux.

www.ingramcontent.com/pod-product-compliance
Lightning Source LLC
Chambersburg PA
CBHW071401030726
47594CB00002B/807